스물다섯
청춘의
워킹홀리데이
분투기

정진아 지음

스물다섯 청춘의 워킹홀리데이 분투기

1판1쇄. 2015년 6월 8일

지은이. 정진아

펴낸이. 정민용
편집장. 안중철
책임편집. 정민용
편집. 윤상훈, 이진실, 최미정, 장윤미(영업)

펴낸 곳. 후마니타스(주)
등록. 2002년 2월 19일 제300-2003-108호
주소. 서울 마포구 양화로 6길 19(서교동) 3층

편집. 02-739-9929, 9930
영업. 02-722-9960
팩스. 0505-333-9960
홈페이지. www.humanitasbook.co.kr
이메일. humanitasbooks@gmail.com
블로그. humanitasbook.tistory.com
페이스북. facebook.com/Humanitasbook
트위터. @humanitasbook

인쇄. 천일 031-955-8083
제본. 일진 031-908-1407

값 13,000원

ISBN 978-89-6437-229-6 04300
        978-89-6437-196-1 (세트)

이 도서의 국립중앙도서관 출판시도서목록(CIP)은
e-CIP홈페이지(http://www.nl.go.kr/ecip)와
국가자료공동목록시스템(http://www.nl.go.kr/kolisnet)에서
이용하실 수 있습니다.(CIP제어번호: CIP2015015115)

스물다섯
청춘의
워킹홀리데이
분투기

정진아 지음

후마니타스

차례

| 일러두기 |

1. 본문에서 '달러'로 표기된 통화 단위는 모두 호주 달러이다. 1호주 달러는 2015년 5월 현재 약 860원이다.

2. 워킹홀리데이 비자를 통해 입국한 이들의 정식 명칭은 '워킹홀리데이 메이커'(working holiday maker)이
   지만, 보통 '워홀러', '워홀', '워킹' 등으로 줄여서 부른다. 이 책에서는 '워킹'으로 통칭했는데, 실제로 현지에
   서 한국 워킹홀리데이 메이커를 이렇게 많이 부르기도 하고, '홀리데이'가 빠진 현실을 잘 보여 주는 것 같아
   선택했다.

워킹홀리데이를
가기로
결심했다

1 　얼마 전, 텔레비전에서 호주 관광 광고를 보았다. 바다를 자유롭게 헤엄칠 수 있는 스노클링, 깨끗한 바닷속에 사는 물고기들, 뜨거운 태양과 백사장, 캥거루가 뛰노는 아웃백, 광고 속 주인공은 행복해 보였다. 열정이 넘치는 젊은이의 상징 '워킹홀리데이 메이커'(이하 '워킹')를 꿈꾸며 오늘도 수많은 사람들이 호주로 떠난다. 해외 경험도 스펙인 시대, 하나라도 더 갖추려고 청년들은 해외로 나가기 위한 방법을 찾는다. 한정된 대학에서 정해진 인원을 선발하는 교환학생의 기회를 얻지 못했거나, 자비로 어학연수 혹은 유학을 가기 어려운 사람들은 돈 안 들고 외국 체험을 할 수 있다는 워킹홀리데이로 눈을 돌리고 있다. 워킹홀리데이의 인기는 여전히 높다.

워킹홀리데이 비자란 해당 국가에서 여행, 어학연수, 취업을 할 수 있는 비자다. 현재 한국은 호주, 캐나다, 뉴질랜드, 일본, 프랑스, 독일, 아일랜드 등 20개국과 워킹홀리데이 비자 협정을, 영국과 청년교류제도 YMS를 체결하고 있다. 이 중에서도 호주는 비자 발급이 쉽고 영어를 사용하므로 어학연수를 겸해 다녀올 수 있기 때문에 인기가 많다. 또한 현지에서 일을 할 수 있으므로 적은 돈으로 해외 경험을 할 수 있다. 사람마다 다르겠지만 나는 2009년 당시 비행기 값을 제외하고 3백만 원을 가져갔고 호주에서 10개월을 살았다. 직접 만났던 사람 중에서 가장 적게 가져간 사람은 1백만 원을 들고 오기도 했다. 비행기 값을 제외하고 넉넉하게 3개월 치 생활비를 가져가면 된다고들 하고, 아껴서 쓸 자신이 있다면 그보다 적을 수도 있다. 두세 달쯤 아르바이트를 하면 호주에 가기 위한 비용을 모을 수 있다. 워킹홀리데이 비자는 기본 1년을 보장하지만, '세컨드 비자'라고 부르는 연장 비자를 얻는다면 1년을 더 머물 수 있다.

영어권 국가에서, 저렇게 적은 돈으로, 이렇게 오랫동안 지낼 수 있다니. 듣기만 해도 매력적인 조건이다. 그리고 매년 3만여 명의 한국 젊은이들이 워킹홀리데이 비자를 발급받아 호주로 출국하고 있다.

2   대학을 졸업하고 나서 취업이 아니라 워킹홀리데이를 가겠다고 하니 사람들은 "왜?"라고 의아해 했다. 워킹홀리데이 전문 유학원 상담사는 "왜 대학 졸업해서 설거지를 하러 가느냐?"고 반

문했다. 대학생이나 설거지 하는 사람이나 '알바'이기는 마찬가지인데 말이다.

휴학 기간 1년을 합쳐 5년 동안 대학을 다녔다. 대학에 입학한 스무 살 5월부터 졸업하는 그날까지 나는 한시도 쉬지 않고 아르바이트를 했다. 내가 대학을 다니던 5년 동안 등록금은 매년 10퍼센트씩 올랐다. 하지만 최저임금은 십 원 단위로 올랐다.

업무 강도가 낮고 주기적으로 월급을 잘 주는 일들도 했지만, 남는 시간은 다른 아르바이트로 채웠다. 학교 편의점 일부터 비교적 고소득인 과외는 항상 두세 개씩 했고, 입시 학원의 논술 첨삭 아르바이트, 교회나 일반 시민 단체 등에서 정산 시기에 회계 파일 정리하는 단기 아르바이트, 국가고시 시험 감독, 중고생 인터넷 강의 사이트의 학습 상담 게시판을 관리하는 일, 학교 도서관에서 복사나 잔심부름일, 채플 수업 출석 확인, 중고등학생 대상 캠프 교사 등을 했다. 비교적 기간이 길어서 기억나는 일 말고 그때그때 생기는 단기 아르바이트도 꽤 많이 했던 것 같다. 과외 이외에는 대부분 최저임금을 받았고, 학교에서 하는 일은 최저임금보다 시급 1천3백 원을 더 주었다. 여러 일을 한꺼번에 해야 했기 때문에 쉬는 날이 거의 없었다.

생활비만 벌자면 그렇게 악착같이 일하지 않아도 되었겠지만 등록금을 마련해야 했기 때문에 그럴 수 없었다. 낮에는 학교 수업을 듣고 저녁과 주말에는 아르바이트를 했다. 등록금의 일부는 학교에서 장학금을 받았고, 장학금 심사에서 탈락한 학기는 휴학을 했다. 휴학을 하고 나면 그 전보다 더 많은 아르바이트를 했다.

　학교는 재미있었다. 나는 인문학, 철학 못지않게 취업하기 힘들다는
신학을 전공했다. 평면적으로만 읽던 성서를 여러 시선에서 재구성해
보는 것은 언제나 신났다. 복수 전공으로 시작한 사회학도 매우 재미있
어서 학기마다 전공 수업으로 학점을 가득 채웠다. 하지만 한편으로는
내가 비싼 취미 생활을 하고 있는 것은 아닐까 하는 생각이 들었다. 공부
가 재미있어서 대학원에 진학하는 상상, 혹은 유학을 가거나 신학대학

원에 가서 성직자가 되는 상상을 해보기는 했다. 하지만 대학원 등록금까지 아르바이트로 감당할 자신이 없었다.

이 비싼 취미 생활의 끝에는 과연 무엇이 있을까. 취업문이 좁다는 인문 계열, 그중에서도 취직에 도움이 되지 않는 전공이 분명했다. 신학이라니. 졸업 학기가 되면서 불안함이 최고조에 이르렀다. 과연 학교 밖을 나가면 먹고살 수 있을까. 그렇다고 수업을 들으면서 알바를 해야 하는 대학생의 삶이 더 행복하다고 말할 수도 없었다.

졸업 학기에 나는 작은 여성 단체에 취업을 전제로 한 인턴으로 입사했다. 월급은 매우 적었지만 아르바이트로 생활비를 충당하더라도 내가 행복할 수 있는 일을 하기로 결심했다. 하지만 어느 날 회사의 이사님들은 실무자들과의 간담회에서 "요즘 운동하는 사람들은 88만 원이나 받지 우리 때는 무급으로 일했어."라고 했다. 작은 단체의 생활은 불안했고 어쩌다 3개월 후 실무자들 전원이 사직서를 내는 상황이 발생했다. 나는 무직 상태에서 대학을 졸업했다. 더 이상 아르바이트도 취직도 하고 싶지 않았고, 대학원 진학은 엄두가 나지 않는 내게 호주만 남아 있는 것 같았다. 차라리 말이 안 통하는 곳에서 일하는 게 낫겠다는 생각이 들었다.

사실, 호주가 내게 운명처럼 다가왔다고 믿고 싶었다. 일상에 지친 내가 우연히 본 예쁜 사진 한 장에 반해 훌쩍 외국으로 떠나는, 그런 멋진 이야기를 바랐다. 하지만 솔직히 말하면 우연은 아니다. 얼마나 많은 광고가 주변에 있는지, 얼마나 손쉽게 그 모든 정보를 접할 수 있는지. 그러니 '여행 갈까? 돈이 없는데?' 정도만 생각하면 호주가 금방 떠올랐다. 많은 사람들이 자신만의 특별한 여정을 떠나는데 신기하게도 목적지가 다 호주다. 자그마치 매년 3만 명이.

호주에 관심을 갖자마자 내 주변은 온통 호주로 가득 찼다. 텔레비전 광고에서는 연일 호주가 나왔고, 버스를 타도 호주 워킹홀리데이 광고, 시내에서는 호주 워킹홀리데이 전단지가 가득했다. 학교 게시판에 붙은 유학원 포스터, 입버릇처럼 워킹홀리데이를 가고 싶다던 직장인 친구들. 자료는 수많은 인터넷 카페에서 쉽게 찾을 수 있었고, 가는 방법도 쉬웠다. 호주가 내게 오라고 손짓하는 것 같았다. 그리고 어느 순간, 그동안 접했던 모든 정보들이 불시에 일어나서 나를 덮쳤다. 나는 호주 워킹 홀리데이를 가기로 결심했다.

3   이 글은 워킹홀리데이 제도를 통해 호주에 갔으며, 여행자와 이주 노동자 그 중간 어디쯤에 위치하는 '워킹'이라는 새로운 신분을 가지고 살았던 나, 20대 중반의 청년이 기록한 일종의 참여관찰 보고서이다. 2009년 2월에 대학을 졸업한 나는 2009년 3월 호주로 출국해 그해 겨울에 귀국했다. 이 글은 호주에서 쓴 일기를 바탕으로 했다. 처음에는 낯선 곳의 생활을 잊지 않기 위해 일기를 쓰기 시작했다. 하지만 시간이 갈수록 이 경험을 공유하고 싶어졌다. 내가 겪었던 일들이 단순히 개인적인 것만이 아니라는 생각이 들었기 때문이다. 그리고 '제도가 마련되어 있다면 이런 일을 겪지 않았을 텐데', 혹은 '도움 받을

수 있는 곳이 있었더라면, 이런 문제가 공론화되었더라면 이렇게 힘들지 않을 텐데' 하는 생각이 들었다. 개인적인 문제로 묻어 둔다면 다른 사람들도 똑같은 어려움을 겪게 될 것이다. 그래서 잘 지내지 못했던 내 호주 생활을 공개하기로 했다.

호주에서의 생활은 한마디로 이상했다. 모든 것이 이상해서 어떤 점이 이상하다고 말하기도 어려웠다. 호주 생활이 힘들 때면 한국에서 호주로 갈 때 용기를 얻기 위해 읽었던 책을 다시 읽곤 했는데 읽고 나면 기분이 더 이상해졌다. 내가 더 노력을 하지 않아서, 긍정적으로 생각하지 않아서 그런 것만 같았다. 내 자신을 책망하게 되니 힘들다는 말을 입밖으로 내는 것이 창피했다.

하지만, 나는 힘들었다. 함께 일하고 생활했던 '워킹' 동료들도 모두 힘들었다. 그런데 책도, 기사도, 통계도, 영사관도, 아무도 우리의 어려움을 말하지 않았다. 우리조차 말하지 않았다. 한국의 워킹홀리데이 관련 자료들은 모두 워홀을 가서 이루고 싶은 꿈을 나열하기에 바빴다. 그것을 정말 이루었는지, 이루는 것이 가능한지, 그 과정에서 문제는 없는지는 생략되었다. 자국민을 보호하지 않는 한국의 무심함, 이주 노동을 통해 자국의 하층 노동을 채워 나가려는 호주, 결국 스펙을 쌓았으니 과정의 문제에 대해서는 말하고 싶어 하지 않는 워홀 경험자들, 이들의 바람이 한데 묶이면서 이상한 워킹홀리데이는 계속된다.

"네가 제대로 못해서 그런 거야."라는 비난을 받으면 여전히 정말 그런 것인지도 모른다는 마음이 든다. 하지만, 그럼에도 불구하고, 힘들었다고 말하기로 결정했다. 많은 사람들이 호주 워킹홀리데이에 대해 이야기해서 이 제도가 좀 더 좋아졌으면 하기 때문이다. 그래서 광고 문구처럼 정말 '누구나' 도전해서 꿈을 이룰 수 있는 워킹홀리데이가 되면 좋겠다.

4

호주 시드니에서 구직 면접을 보러 시내를 걷고 있는데, 외국인들 때문에 호주인들의 일자리가 사라지고 있다는 내용의 전단지가 전봇대에 붙어 있었다. 사람들은 신경 쓰지 않고 지나쳤지만 나는 그 앞에 서서 전단지를 뚫어져라 바라보았다. 호주의 일자리를 차지하는 외국인, 세금을 내지 않고 권리만 주장하는 자들, 호주 사회를 분열시키고 범죄를 저지르는 외국인, 외국에서 온 노동자 ……. 바로 내 이야기였다.

호주에 다녀왔다고 말하면 영어가 늘었느냐는 질문을 많이 받는다. 결과적으로는 그렇다. 호주가 영어권 국가이므로 전보다 영어가 편해지기는 했다. 언어는 자주 사용하면 늘고 사용하지 않으면 줄어드는 것이니 당연한 일인지도 모른다. 더불어 토익 시험에서 사람들이 가장 어려워하는 부분, 듣기 평가에서 호주식 발음이 나왔을 때 남들보다 쉽게 알아듣는다. 듣기 점수도 높아졌다.

하지만 영어는 내가 얻은 것 중에서 극히 일부에 불과하다. 내가 얻은 가장 소중한 것은 새로운 '시선'이었다. 이전에 나는 아르바이트생이었지만 '대학생'의 시선으로 살았다. 세상을 책처럼, 그래서 모두 내가 배우고 익혀야 하는 대상으로 보았다. 텔레비전에 등장하는 파업 노동자들, 학교를 청소하는 환경 미화원, 시골 어디서든 볼 수 있는 이주 노동자들 모두가 그저 '도움이 필요한 사람들'이라고 생각했다.

하지만 호주에 다녀온 후 나는 이제 '일하는 사람'의 눈과 마음을 가지게 되었다. 어느 건물을 가든 직원용 통로나 물건 수송용 엘리베이터를 유심히 본다. 직원용이 손님용에 비해 너무 열악해서 일하는 사람들이 불편하지 않을까 마음이 쓰인다. 어디에서 배우거나 뉴스에 나왔기 때문이 아니다. 내가 경험해 보았기 때문에 나도 모르게 그들과 공감하게 된다. 호주에서는 마트에 가도 혹시 일자리가 있는지를 유심히 살폈기 때문에 계산원 자리는 편한지, 물건 진열하는 사람들은 어떻게 일하는지, 쉬는 곳은 있는지 등을 보면서 다녔다. 일하는 사람의 시선에서 보는 습관은 아직도 몸에 남아 있다. 식당에 가면 나도 모르게 주방을 먼저 본다. 조리대가 낮아서 허리가 아프지는 않은지, 환기는 잘되는지, 일하는 사람들이 쉴 의자는 있는지, 나는 밥을 먹고 있지만 그 순간 일하는 사람들이 힘들거나 배고픈 상황은 아닌지 마음이 쓰인다. 인터넷에서 이주 노동자들에 대한 혐오성 글을 읽으면 마음이 덜컥 내려앉는다. 마치 그날, 외국인은 나가라는 문구를 시드니에서 보았을 때의 그 기분이 되고 만다.

보이지 않는다고 없다고 믿는 어리석음을 저지르지 않기로 했다. 힘든 일, 어려운 일은 사람들 눈에 띄지 않는다. 워킹홀리데이를 다녀온 사람이라면 깨끗한 건물을 보고 그 건물을 청소한 사람들을 떠올릴 수 있고, 정갈한 밥을 보면 주방에서 그릇을 닦은 사람을 떠올릴 수 있다. 비록 밝은 낮에 다니는 소비자와 고객들에게는 보이지 않을지라도 우리는 그런 사람들이 존재한다는 것을 안다. 바로 우리가 그들이었기 때문이다. 그래서 이 책에서는 영어도 외국도 아닌, '일'에 대해 주로 이야기한다. 성공과 실패를 쉽게 말하기 어려운, 그 사이에서 내가 '본 것'과 '경험한 것'을 그대로 보여 주고 싶다.

호주에 다녀온 나는 대학원에 진학했다. 일을 하고도 임금을 받지 못해 마음 고생했던 일 등, 워킹 때 겪었던 부당함이 억울해서 법을 공부하기로 결심했다. 학교로는 절대 돌아가지 않겠다고 말하던 내가 전공도 아닌 '법'을 공부하겠다고 하니 모두들 의아해 했다. 그래서 왜 갑자기 전공을 바꾸었냐고 사람들이 물어 보면 나는 항상 호주 이야기를 한다. 돈 없고 힘없는 사람들이 가장 필요로 하는 것이 '법'의 보호라고 생각하게 되었다고. 호주는 알바와 대학 생활로 무기력해졌던 내가 새로운 삶을 살게 된 계기였다. 워킹홀리데이를 다녀온 모두에게 호주의 경험은 어떤 식으로든 일생에서 중요한 계기가 될 것이다. 누군가에게 조금이라도 도움이 되었으면 하는 마음에서 이 글을 시작한다.

| 워킹홀리데이란? |

만 18세에서 30세까지의 청년들을 대상으로, 해외여행을 하면서 합법적으로 일을 해 부족한 경비를 충당할 수 있도록 마련한 제도이다. 보통의 관광 비자로는 방문국에서 취업할 수 없지만, 청년들로 하여금 "현지의 언어와 문화를 접할 수 있"도록 특별히 마련된 예외적 제도이다. 이를 위해 발급하는 비자를 '워킹홀리데이 비자'라고 하며, '관광 취업 비자'라고도 한다. 이 비자는 나라마다 1회만 발급하며 체류 기간 1년을 인정 한다. 한국은 호주, 캐나다, 뉴질랜드, 일본, 프랑스, 독일, 아일랜드, 스웨덴, 덴마크, 홍콩, 타이완, 체코, 오스트리아, 헝가리, 포르투갈, 네덜란드, 이탈리아, 이스라엘(발효 예정), 벨기에(발효 예정), 칠레(발효 예정) 등 20개 국가와 워킹홀리데이 협정을, 영국과 청년교류제도를 체결하고 있다.

한국인 워킹홀리데이 참가자 현황

단위: 명

연도	계	호주	캐나다	뉴질랜드	일본	프랑스	독일	아일랜드	스웨덴	덴마크	홍콩	타이완	체코	영국	오스트리아	헝가리
2005	21,103	17,706	800	797	1,800	-	-	-	-	-	-	-	-	-	-	-
2006	29,478	24,007	800	1,071	3,600	-	-	-	-	-	-	-	-	-	-	-
2007	35,012	28,562	800	2,050	3,600	-	-	-	-	-	-	-	-	-	-	-
2008	40,146	32,635	2,010	1,901	3,600	-	-	-	-	-	-	-	-	-	-	-
2009	52,968	39,505	4,020	1,901	7,200	154	188	-	-	-	-	-	-	-	-	-
2010	49,137	34,870	4,100	1,800	7,200	185	582	400	-	-	-	-	-	-	-	-
2011	44,278	30,527	3,913	1,881	6,319	152	839	359	38	36	62	152	-	-	-	-
2012	48,496	34,234	4,069	1,803	5,856	205	1,084	400	44	68	127	214	2	386	4	-
2013	46,757	33,284	3,373	1,805	5,102	244	1,074	400	42	60	114	216	5	965	30	3

출처: 외교통상부 워킹홀리데이 인포메이션 센터 http://whic.mofa.go.kr/contents.do?contentsNo=4&menuNo=6(검색일: 2015년 4월)

한국인 워킹홀리데이 참가자 수 상위 4개국 비교

	호주	캐나다	뉴질랜드	일본
체결 연도	1995년	1995년	1998년	1998년
모집 인원	제한 없음	4,000명	1,800명	10,000명
나이	만 18~30세			
자격 및 서류	신체검사	1. 취업허가증 신청서 2. 개인기록요약본 3. 만 18세 이후 활동에 대한 증빙서류 4. 가족관계증명서 5. 예금잔고증명서 6. 범죄경력증명서 7. 신체검사서	신체검사, 잔고 증명	1. 이력서 2. 워킹홀리데이를 이용하고 싶은 이유에 대한 진술서 3. 일본에서 무얼 하고 싶은지에 대한 계획서 4. 조사표 5. 최종학력증명서, 재학증명서 6. 잔고증명서
접수 방법	온라인	온라인	온라인	대사관 접수
시기	수시	연 2~3회	연 1회	연 4회
어학연수	4개월	6개월	3개월	12개월

출처: 워킹홀리데이 인포메이션 센터를 참조해 재구성.

우리나라의 워킹홀리데이 참가자 인원은 2013년 기준 4만6천여 명이 넘는다. 워킹 홀리데이 비자는 협정국 간의 상호 교류를 위해 만든 제도이지만 협정국에서 우리나라로 오는 사람들은 거의 없다.

워킹홀리데이 제도를 비교한 표를 보면 많은 사람들이 왜 호주를 선택하는지 알 수 있다. 호주는 모집 인원에 제한이 없으며, 어학이나 재정 증명 등의 특별한 자격 요건이 필요하지 않고, 비자를 온라인으로 접수할 수 있다. 따라서 비자를 신청하면 대부분 발급받을 수 있다. 체류 기간도 세컨드 비자 제도를 통해 1년을 연장할 수 있어 최대 24개월까지 머물 수 있다.

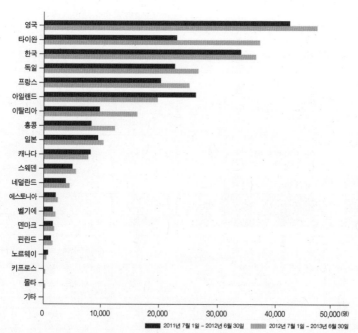

호주 내 국가별 워킹홀리데이 비자 발급자 현황

출처: 호주 이민성 2014, Working Holiday Report, June14, http://www.immi.gov.au/

1장

눈 감으면 코 베어 간다 :
시드니 생존 작전

이것은
여행이
아닙니다

2009년 3월 31일, 오후 3시에 인천을 출발한 비행기는 홍콩을 경유해 서울을 떠난 지 13시간 만에 시드니 공항에 내렸다. 현지 시간으로 4월 1일 아침 7시, 시드니는 눅눅한 비가 오고 있었다. 초보 해외여행자처럼, 혹시나 밥을 거를까 새벽부터 주는 기내식을 열심히 챙겨 먹었더니 속이 거북하다. 반나절을 좁은 비행기에서 보내 초췌한 얼굴에 짐은 한가득, 비가 와서 습기가 가득한 공항에서 길을 몰라 두리번거리는데 건물이건 나무건 사람이건 정말 컸다. 커다란 덩치가 위협적으로 느껴져서 나는 일부러 허리를 더 꼿꼿이 세웠다. 시내로 들어가는 차를 타기 위해 긴 줄의 뒤에 서서 주변을 둘러보았다. 진짜 외국이다.

나는 가능한 한 모든 일을 나 스스로 해결하고 한국 사람을 통해 정보를 얻는 일은 최대한 피하기로 했다. 워킹홀리데이란 일을 하기 위한

것이기도 했지만 그보다 장기 '여행'이라는 생각이 더 컸기 때문이다. 세
계 여러 나라 사람들과 어울리면서 낯선 곳에서 지내는 것이 내겐 더 중
요했다.

　　따라서 숙소 예약은 한국 유학원이나 인터넷 카페 등의 도움 없이 현
지 백패커스 호스텔* 인터넷 사이트를 통해 직접 했다. 숙소는 일부러

한국 사람이 거의 없다는 지역을 골랐다. 호주 워킹홀리데이에 관한 한국어 정보는 쉽게 접할 수 있기 때문에 한국에서도 현지 생활을 계획할 수 있다. 하지만 그런 정보에 기댄다면 대부분의 생활은 교민 밀집 지역을 중심으로 이루어질 것이었다. 나는 그런 생활은 한국에서 지내는 것과 다를 바 없다고 생각했다. 색다른 곳에 있고 싶었고, 계획하지 않은 여행의 기쁨을 느끼고 싶었다.

꼬불꼬불 영어로 된 글자를 더듬어 가며 예약한 숙소는 원래 공항까지 마중 나와 주는 것이 추가 사항이었지만 차는 보이지 않았다. 동전을 바꿔 전화를 했더니 직원은 숙소를 예약한 이후부터 시드니에 도착한 그 일주일 사이에 벌써 숙소의 방침이 바뀌었으니 공항에 차를 보낼 수 없다고 답변했다. 다시 사람들에게 길을 물어 택시 정류장을 찾아가 시내로 들어가는 차를 탔다. 택시비가 꽤 나왔지만 그때는 환율에 적응하지 못해서 큰돈인지 아닌지도 생각하지 못했다.

오전 7시 공항 도착, 오전 9시 숙소 근처 도착. 우산이 없으니 비를 맞으면서, 인쇄해 온 구글 지도로 숙소를 찾아 들어갔다. 파란색 페인트 칠을 한 좁은 복도가 길게 있었고, 오른쪽 안내 데스크에 레바논인 주인

● 젊은 배낭 여행자들이 많이 찾는 백패커스 호스텔(backpackers' hostel)은 2층 침대를 놓고 한 방에 5~8명이 함께 쓰는 도미토리다. 공용 화장실과 공용 주방이 있으며, 호텔 등 일반적인 여행자 숙소보다 매우 저렴하다. 우리나라의 게스트 하우스에 가깝다. 호주에서는 줄여서 '백패커스', '백패커'라고 부르기도 한다.

이 뻐끔뻐끔 졸며 앉아 있었다. 그는 새로 온 손님에게 눈길도 주지 않았다. 체크인 시간보다는 일찍 도착했지만 비에 젖었고 어차피 삼사일은 머물 것이니 방에 들어갈 수 있게 해달라고 부탁했지만 주인은 '규정상 안 된다'고 했다. 무조건 점심시간 이후에 오라는 말을 반복했다. 잠시라도 몸을 쉬게 하고 싶다는 마음에 묵을 방을 구경할 수 있게 해달라 하니 그것은 괜찮다고 하여 방으로 들어갔다.

여러 명이 한방을 쓰는 도미토리였는데 방문을 여니 곰팡이 냄새가 났다. 벽을 칠한 파란색 페인트는 군데군데 벗겨져 있었고, 나무 복도에서는 눅눅함이 올라왔다. 인터넷으로 예약할 때는 활기차고 깔끔한 곳이었는데 사진과 많이 달랐다. 우선 식사를 하고 싶어서 캐리어를 잠시 맡아 달라고 했으나 그것 또한 거절당했다. 캐리어를 끌고 다시 비 오는 거리로 나섰다. 3월, 한국은 봄이고 호주는 가을로 접어드는 시기였다.

맥도널드에 들어가 햄버거를 주문하고 창가 자리에 앉았다. 식당 안에서는 백인 남자 둘이 멱살을 쥐고 싸웠고, 창 밖에는 바지를 입지 않은 채 바바리코트를 입은 남자가 불규칙하게 코트를 열고 사람들에게 팬티를 보여 주었다. 주변 사람들은 모두 아주 오래전부터 그러했다는 듯이 신경을 쓰지 않았다. 식당 안으로 큼지막한 비둘기가 성큼성큼 걸어 들어왔다.

우범지대에 속한다는 시드니 킹스크로스King's Cross에서 그렇게 첫날이 지났다. 발 냄새가 많이 나는 아래층 침대 주인의 코고는 소리에도 불구하고 나는 아주 깊게 그리고 오래 잠을 잤다.

예상과 다른 숙소, 갑작스런 계획 변경이 여행자들에게는 즐거움일 것이다. 계획되지 않은 삶에서 교훈을 얻기도 하고 우연히 만난 사람들과 어울리기도 한다. 그러나 내일 뭘 하고 놀까를 생각하는 사람과, 내일 어디에서 일자리를 구할까를 생각하는 사람은 숙소를 바라보는 시선도 다르다. 일을 하고 집에 돌아왔을 때 편안히 쉴 수 있는지, 일자리가 많은 지역과 가까운지, 식사를 제대로 챙길 수 있는지를 생각하기 시작하면 숙소를 선정하는 기준은 달라진다. 적은 돈으로 일자리를 찾기 전까지 최대한 오래 버텨야 했다.

시드니에 뚝 떨어지고 나서야 나는 여기에 일하러 왔다는 것이 실감이 났다. 와서 한두 달 만에 일자리도 구하지 못하고 가진 돈을 다 써서 울면서 돌아갔다는 사람들의 이야기가 들렸다. 낮 동안 여기저기 돌아다니면서 식당은 어디에 있는지, 구인 공고는 어디에서 볼 수 있는지 둘러보았다. 그리고 저녁에 들어오면서 잠시 산책을 하고 싶었으나 호스텔 앞은 클럽이 즐비한 거리였다.

관광을 마치고 돌아와 아직도 흥이 남아 있는 여행자들 사이에서 지도를 펼쳐 놓고 농장으로 갈지 시드니에서 일을 구할지를 고민했다. 어디에 일이 있는지를 알아야 했으므로 백패커스 호스텔에는 더 이상 있을 필요가 없었다. 이곳에서는 밤늦게 술집이나 클럽에 가는 사람들이 내게 함께 가자고 말을 건네기도 했다. 그곳에 있으면 일을 구할 수 없을 것이라 판단했다.

며칠 지나지 않아 돈을 쓰는 속도가 몹시 빨라졌다는 걸 깨달았다. 일자리보다 숙소를 먼저 옮기기로 했다. 조리가 가능한 곳으로 옮겨야 식비를 줄일 수 있기 때문이었다.

셰어 하우스
탐방

워킹홀리데이 비자로 입국한 이들이 가장 먼저 머무는 곳은 시드니Sydney나 브리즈번Brisbane 같은 대도시다. 워킹홀리데이 비자 소지자들은 규정상 한 고용주 아래서 6개월 이상 일할 수 없다. 원래 3개월이었는데 2006년 7월 6개월로 연장되었다. 그러나 현장에서는 여전히 3개월을 기준으로 돌아가고 있다. 교민 업소 등에서는 처음 몇 주간의 임금을 보증금deposit으로 업주가 보관하는데 3개월을 채워야 돌려준다. 3개월 근무를 요구한다는 것은 그보다 짧게 일하는 이들이 많다는 것을 의미한다. 일자리 이동이 잦으므로 거주지 변경도 빈번하다. 호주에 도착한 후 가장 먼저 해야 할 일은 숙소를 정하는 것이다. 워킹은 여행자용 백패커스 호스텔에 짐을 풀었다가도 오래 머물 수 있는 숙소를 다시 찾게 된다.

숙소가 주는 활기, 세계 여러 나라에서 온 사람들과 만날 수 있다는 점에서 백패커스 호스텔은 여행의 기분을 느끼게 해준다. 하지만 여행 자용 숙소는 장기간 거주하기에 좋은 곳이 아니다. 방 하나에 보통 8명, 많으면 10명 이상이 머물고 있기 때문에 개인 공간이 없는 것은 물론, 몇 십 명이 사용하는 공동 부엌과 공동 세면장 때문에 위생 상태도 좋지 않다. 또한 일주일을 머무르면, 숙박비가 하루 약 20달러일 때 140달러 가 되는데 이는 셰어 하우스보다 비싸다. '나는 여행을 즐기러 온 거야.' 라고 믿는 사람들도 백패커스 호스텔에서 얼마간 지내다가 일자리를 찾 기 시작하면서 자연스레 워킹 집중 거주지로 숙소를 옮긴다. 워킹은 비 슷한 지역에 모여 살고, 비슷한 지역에 모여서 일한다.

셰어 하우스, 줄여서 '셰어'라고 말한다. 셰어는 하숙집이라고 생각 하면 이해하기 쉽다. 다만 그 형태가 한국보다 다양하다. 보통은 한집에 서 방을 나누어 쓰는데, 큰 방을 주인집이 쓰고 작은 방을 하숙생 두세 명이 함께 쓴다. 호주는 한국처럼 방을 중심으로 생활하지 않기 때문에 방의 크기가 작으며, 이층 침대를 사용했다. 방 외에도 거실에 파티션을 놓아 공간을 만들어 세를 놓기도 하는데 이런 경우를 '거실 셰어'라고 부 르고, 발코니 공간을 활용해 세를 놓기도 한다. 이런 하숙집에서 사는 이 들을 '셰어생'이라고 하는데, 셰어생은 현지 한인들의 주요 수입원이다. 최근에는 유학생들이나 워킹들이 직접 집을 임대해 셰어를 놓는 경우도 있다.

숙소가 많이 나오는 지역은 교민 밀집 거주지이다. 이 지역에 집을 얻게 되면 가까운 지역에 일자리를 구하게 되고 자연스레 교민 업소에 취업하게 된다. 그리고 싶지 않은 사람은 더 많은 교통비를 내고 더 많은 집세를 내야 한다. 한국에서 워킹을 준비하는 사람들은 영어에 자신이 있다면 혹은 도전 정신만 있다면 한국인이 없는 지역에서 살 수 있으리라 생각할지도 모른다. 그러나 한인 커뮤니티에 속하게 되는 것은 영어나 용기 때문이 아니라, 돈 때문이다.

출퇴근 거리, 한 달 방세, 시장과의 거리를 고려하면서 방을 고르는 것은 이미 한국에서도 많이 하던 방법이다. 한국과 똑같이 고르면 된다. 관광지 근처에 방을 잡는 여행자와 일자리 근처에 방을 잡는 여행자. 워킹을 하는 사람과 홀리데이를 즐기는 사람은 사는 지역이 달랐다.

셰어를 구하기 위해 여러 군데를 돌아다니고, 또 이사를 다녀 보면서 셰어를 네 가지 유형으로 구분할 수 있었다. ❶ 셰어를 놓기 위해 큰 집을 구해 놓고 전문적으로 숙소를 제공하는 곳, ❷ 교회 선교회에서 운영하는 곳, ❸ 교민 가족이 사는 집에 남은 방을 하숙으로 주는 곳, ❹ 워킹이나 유학생들이 직접 셰어를 '돌리는' 곳이다. 셰어생을 받고 집을 빌려주는 것을 셰어를 '돌린다'라고 표현한다. 내 경험을 중심으로 하나하나 살펴보자.

민박집

가장 먼저 라이드Ryde 지역에 위치한 민박집을 찾았다. 라이드는 호주에 이주한 한인들이 가장 먼저 한인 타운을 만든 지역이기도 하다. 한인촌을 형성할 당시에 중동계 이주민들이 많았던 곳으로 소득수준은 낮은 편이다. 부동산 광고에는 지하철부터 집까지 걸어서 15분이라고 나와 있었지만 직접 가 본 결과, 전속력으로 달려도 20분이 걸리는 거리였다. 할머니 혼자 산다는 이 집은 그늘진 이층집으로 삐걱거리는 나무 계단을 올라가면 2층에 방이 세 개가 있고, 1층은 할머니가 거주하는 방이 하나 있었다.

방 여기저기를 구경하고 있는데 주인 할머니가 내 뒤를 따라오며 혼잣말처럼 말했다.

"요즘은 쌀값이 비싸져서 다른 데는 쌀 안 줘."

"쌀값이 비싸져서 다들 안 주는데 우리는 그래도 주니까 얼마나 좋니."

"그런데 다른 데는 쌀은 준다고 하니?"

방이 넓고 화장실이 따로 있었다. 나무로 된 집은 천장이 높았고 계단을 오를 때마다 삐걱거렸다. 큰 나무가 집을 둘러싸고 있어서 대낮인데도 어두웠다.

"여기 예전에는 아가씨 세 명이 살았어. 우리 집이 워킹들이 살기에는 방세가 좀 비싸긴 한데 아가씨들이 업소 같은 데 다녀서 돈을 잘 벌었나 봐. 그냥 여기서 살더라고. 조용하고 크고, 지내긴 좋아."

어떤 사람들은 한국 여자들이 쉽게 돈을 벌고 싶어 한다면서 혀를 차고, 또 어떤 사람들은 한국에서 오는 워킹들의 성매매 때문에 교민 사회의 '질서'가 흐트러진다고도 했다. 실제로 얼마나 많은 사람들이 성매매 일을 하는지 조사한 적은 없다. 그러나 그런 소문 속에는 '호주에 온 젊은 한국인 여성은 그렇고 그렇다' '호주 워킹 다녀온 여자와는 결혼하면 안 된다.'는 식의 이야기도 따라왔다. 할머니는 "술집에 나가건 어쨌건 돈만 많이 벌면 되지."라고 했다가 "그래도 아가씨가……"를 반복했다.

'민박'이라는 이름이 붙은 숙소는 셰어 하우스보다는 조금 비싸다. 장기 여행자들이나 가족 단위 여행자들을 위주로 운영되고, 자가 주택이라 시설이 좋으나 일자리 밀집 지역보다는 경치가 좋은 곳에 있어서 교통편이 불편할 수 있다. 워킹에게 가장 중요한 것은 일터와의 거리이기 때문에 적절한 숙소로는 추천하기 어렵다고 생각한다.

새로 머물 숙소를 구하지 못했으니 백패커스 호스텔에 며칠 더 머물러야 했다. 추가 방값을 지불하는 게 아까워서 쭈뼛거리고 있는데 호스텔 카운터에서 독일인 알바생이 나를 보면서 활기차게 인사를 한다. 좀 더 머물러야겠다는 내 말에 바로 "좋은 생각이야!"That's a good idea!라고 했다. 한국어와 달리 영어는 대화 중 반응하는 말이 많고 제스처도 크다. 집 구하기에 실패하고, 비싼 방세를 며칠 더 지불해야 하는데도 '굿 아이디어'라고 하니 아무리 영어라지만 좀 얄미웠다.

종교 단체가 운영하는
단체 숙소

다른 곳보다 방값이 훨씬 저렴해서 답사의 대상이 되었다. 시세보다 무려 30퍼센트 저렴하다. 대신 교회 예배 및 행사에 참여하고, 통행 제한 시간 등의 규칙을 지켜야 한다.

첫인상은 한국 개신 교회를 처음 방문했을 때 받는 느낌과 비슷했다. 사람들이 너무너무 친절했다. 다만 평소 같았으면 그냥 지나쳤을 그 웃음도 낯선 곳에서 만나니 큰 위안이 되었다. 해가 잘 드는 남향의 집과, 하숙을 놓기 위한 구색 맞추기식 가구가 아닌, 나무로 짠 단단한 침대와

푹신한 이불, 그리고 한 사람씩 모두에게 주어지는 책상, 밝은 실내. 살고 싶을 만큼 좋은 숙소였다. 교회 행사 몇 개 정도를 참석하는 것은 감수할 만하다고 생각했다.

방 구경을 마친 뒤 안내해 주시던 분은 나를 '담임 목사' 집무실로 불렀다. 좋은 것을 보여 준 뒤, 그것을 누릴 자격이 있는지를 검증하는 과정 같았다.

목사님이 질문했다.

"한국에서 교회 다녔나요?"

틈을 주지 않고 "네."라고 대답했다. 안 다녔다고 하면 더 오랜 설명을 들을 것만 같았기 때문이다.

"내가 이렇게 선교 활동을 시작하게 된 건, 여기에 왔을 때 큰 충격을 받았기 때문이에요. 자매님들도 아시겠지만 이곳은 정말 문란한 곳이에요. 남녀가 서로 너무 쉽게 혼숙을 하고 부모님이 안 계시니 밤늦게 돌아다니고, 착한 친구들이 와서 쉽게 나쁜 물이 들어 버리곤 해요. 나는 그런 젊은이들이 안타까워서 선교회를 세우게 됐어요. 좋은 숙소를 이렇게 싼 값에 제공하면 우리는 손해지요. 그래서 한국 교회에서 지원을 받기도 해요. 그 돈으로 이 위험한 곳에 온 젊은이들에게 좋은 길을 안내하는 역할을 하고 있어요. 그래도 이곳에서 지내면서 회개하고 하나님의 일꾼으로 살게 된 형제자매들이 많아요. 그게 내 보람이지요."

그리고 숙소에서 지내기 위한 조건을 안내해 주었다. 일요일 예배에 참석할 것, 각 하숙집에 상주하는 전도사와 함께 일주일에 한 번 성경 공부에 참석할 것, 저녁 식사는 반드시 숙소에서 사람들과 공동으로 준비해서 먹을 것. 저녁 7시 이후에는 통행금지. 통행금지의 이유는 문란함을 방지하기 위해서라고 했다.

"여기 들어올 때는 이 사항들을 모두 지킨다는 서약서에 서명을 하고, 나갈 때는 이렇게 자기 고백문을 써요. 고백문을 보세요. 처음에는 믿지 않았지만 한국으로 돌아갈 때는 신실한 사람으로 거듭나서 나갈 수 있어요. 자매님도 변화된 삶을 살 수 있을 거예요."

"혹시 저녁에 일을 하는 사람은 늦게 들어와도 되나요?"

"호주 사람들은 모두 낮에 일하고 밤에는 잠을 잡니다. 밤에 하는 일이란 모두 나쁜 일들이에요. 낮에 일하고 밤에는 집에서 쉬는 생활을 하는 게 맞지요. 자매님도 밤에 하는 일은 하지 않았으면 좋겠어요."

밤에 일하고 싶은 사람은 없다. 물론 한국에서 들었던 호주의 생활은 이른 아침에 일어나서 9시부터 일을 하고 대개 4~5시에 끝난다고 했다. 호주 사람들은 그렇게 일한다고 말이다. 그렇게 일하면 정말 좋을 것이다. 임금을 제대로 받을 수만 있다면 하루에 8시간만 일해도 살 수 있었다. 호주의 최저임금은 당시 한국의 두 배였기 때문이다. 하지만 워킹에게는 최저임금을 주지 않기 때문에 생활을 하기 위해서는 하루 8시간의 일이, 조금이라도 돈을 저금하려면 그 이상의 일이 필요했다. 밤에 일하는 것이 아니라 밤에도 일하는 것이다. 또한 밤이나 새벽 근무는 시급이 2~3달러 높다. 그리고 그런 새벽일은 자리도 많다. 워킹들이 주로 하는 식당 일, 청소 일은 사람들이 일하지 않는 밤 시간에 이루어진다. 특히 술집인 펍Pub 청소는 아예 새벽부터 시작했다.

최선을 다해 사는 사람들이 밤늦게 일하고 새벽에도 일한다. 그것을

무조건 '문란한 사람들', '나쁜 직업'이라고 말하는 곳이라면 그곳에서 살
수 없다고 판단했다. 여행자 숙소로 돌아오면서 내 머릿속에는 '문란함',
'통금', '변화된 삶' 같은 단어들이 맴돌았다.

교민
셰어 하우스

셰어 하우스는 두 종류가 있는데 하
나는 유학생이나 워킹이 셰어만을 위해 운영하는 집이고, 다른 하나는
교민 가족이 살면서 남는 방 하나 정도를 내어 주는 집이다. 내가 가 본
곳은 교민 세 식구가 사는, 방 세 개짜리 집이었다. 집주인 가족이 방 두
개를 쓰고 하숙생 4명이 방 하나를 썼다. 교통과 방세가 적절해 집을 계
약했다. 계약을 위해서는 '디포짓'deposit 혹은 '본드'bond라고 불리는 2주
치 방세를 먼저 지불하는데 이것이 보증금이다. 별다른 서류 없이 보증
금을 현금으로 지불하고 나서 계약이 성사되었다. 네 명이 한방을 쓰고
한 달에 1인당 40만 원씩 총 160만 원을 냈다.

오후에 집을 계약하고 바로 다음날 아침에 이사를 가기로 했다. 호주
생활은 집을 구하고 일자리를 구하는, 마치 한국과 같은 생활이면서도
그 일들을 해치우는 시간이 정말 빠르다. 마치 한국 생활의 축소판을 사
는 것 같았다. 집을 구하자마자 2주간의 백패커스 호스텔 생활을 청산하
고 킹스크로스를 떠났다. 이삿짐이라고 해봤자 조금 큰 캐리어 하나뿐
이라 지하철을 타고 갈 수 있었다. 약속 시간에 맞추어 새 집으로 들어갔
다. 주인집 또한 그날이 이사하는 날이었다. 거실에 잔뜩 쌓여 있는 이삿

짐들을 살살 피해 가며 내가 계약한 방을 찾아 들어갔다. 아직 아무것도 없는 휑한 방이다. 주인아주머니는 급한 대로 간이침대와 이불 등을 놓아 주었다. 워킹이나 유학생들이 임대하는 집의 경우 가장 부족한 것이 이불이나 옷걸이 같은 생필품이다. 공산품이 비싸기 때문에 이런 용품이 넉넉한 집에 들어가면 돈을 절약할 수 있다. 이불은 전에 있던 하숙생이 쓰던 것이고 세탁하지 않은 것이지만 여기는 호텔이 아니므로 크게 신경 쓰지 않았다. 다만 이사하고 나서 뒤늦게 알게 된 사실인데 화장실에 문이 없었다. 방을 둘러볼 때는 주인아주머니가 아파트를 계약한 지 얼마 안 되어 수리가 덜 끝났으니 곧 고쳐 주겠다고 했다. 금방 고쳐지겠지 했지만 며칠이 지나도 수리 기사가 오지 않았다. 처음에는 주인아주머니가 수리 기사를 부르지 않은 것인가 해서 따지려고 했다. 그런데 아주머니도 난감한 표정을 지으며 문을 수리하는 곳에 전화를 했으나 늘 "몇 주 안에 가겠다."는 답변만 들었다는 것이다. 주인아주머니는 여기 호주는 사람이 손으로 하는 일은 모두 비용이 비싸고 시간도 오래 걸린다고 했다. 그런데 그 설명을 듣고 화가 나기보다는 오히려 기분이 좋았다. 문짝 하나 고치는 것도 좋은 직업에 속하고, 돈도 많이 벌며 손님에게 당당하게 '기다리라'고 말할 수 있는 곳이 호주라고 생각했기 때문이다. 앞으로 나도 좋은 환경에서 일할 수 있지 않을까 하는 기대를 가지게 되었다. 다만 문 없는 화장실은 정말 불편했다. 지금도 화장실에 들어가면 문이 제대로 닫히는지를 꼭 확인한다. 그렇게 닫고 있는데도 누가 보는 것 같고 말이다. 두 달 정도는 문에 샤워 커튼을 달아 놓고 화장실을 사용했다.

숙소를 잡고 나서 일자리를 찾기 위해 매일 여기저기 면접을 보러 다녔다. 오후까지 면접을 보고 저녁에 집에 오면, 종일 혼자 시간을 보내야 하는 주인집 초등학생 아이가 나를 또랑또랑 쳐다보고 있었다. 하숙방에서는 매일 꼬마 아이와 구직 홈페이지를 뒤지는 내가 앉아 있었다. 마음이 약해서 내보내지는 못하고 그렇게 같이 지냈다.

주인집 가족을 보면 우리 부모님 생각이 났다. 주인집 부부는 고등학교를 마치자마자 돈을 벌 수 있다는 이야기에 호주로 이주해 왔다. 말도 통하지 않는 곳에서 일자리를 구하고, 바닥부터 시작해 악착같이 돈을 모아 가정을 꾸리고 여기까지 왔다고 했다. 아주머니의 서투른 영어 탓에 계산 실수가 잦아 혼이 났던 이야기, 처녀 적에는 한국에 가고 싶어서 견디기 힘들었지만 누가 들을까 숨죽여 울었다는 이야기에 마음이 찡했다. 교민들이 정착하는 과정에서 겪었을 어려움을 어떻게 말로 다 할 수 있을까. 부부는 여기서 낳은 자식들이 자신들과는 달리 영어를 능숙하게 해서 이 사회에서 좋은 지위를 갖게 되기를 바라며 뒷바라지에 힘썼다. 그들은 한국에서보다 더 독하고 더 힘들게, 이민자가 할 수 있는 제한된 일 안에서도 주말을 반납해 가며 일해서 아이들을 가르쳤다. 자식들이 조금 더 좋은 대학에 가고, 조금 더 좋은 직장을 다니게 하기 위해서라며 형편보다 무리해서 사립학교에 아이를 보내고, 그 교육비를 감당하기 위해 집에 네 명이나 되는 하숙생을 받았다.

1980년대 초반에 머물러 있는 듯한 교민 사회의 문화에 적응하는 일은 쉽지 않았다. 한인 커뮤니티에는 1970~80년대에 이민을 온 분들이 많았는데, 이들은 호주 사회에 섞여 들어가기보다는 주로 한인 사회를 중심으로 생활했다. 이 때문에 오히려 한국보다도 폐쇄적인 부분이 많았다. 집에서 교회 모임을 할 때마다 늘 소파에 몸을 묻는 남자들과 종종걸음으로 바삐 움직이는 여자들, 숟가락 하나 놓지 않는 주인아저씨와 아들을 한참 보고 나면 머리가 아팠다.

빨래를 개고 있는데 내게 놀자고 다가오는 꼬마에게 같이 해보자고 한 적이 있다. 놀이라고 생각해 당연히 같이 할 줄 알았는데 이 녀석이 갑자기 머뭇거리더니 손사래를 친다.

"이런 건 여자들이나 하는 일이잖아!"

어린 아이라는 걸 알면서도 괜히 약이 올랐다.

"너, 그러면 한국에선 친구도 못 사귄다. 남자 일, 여자 일 그런 게 어디 있어?"

어느새 아이는 닭똥 같은 눈물을 그득 담고는 밖으로 뛰쳐나가 버렸다. 이어서 마룻바닥을 쿵쿵 구르며 소리를 질렀다.

"호주에선 그런 일은 다 여자가 하는 거야. 내가 봤어. 내가 봤다고!"

심심했던 꼬마는 그 뒤로도 늘 내 방을 찾아와 마치 '남자 어른'처럼 '여자의 일'은 이러쿵저러쿵 하며 훈수를 두었고 그러다가 화가 나서 뛰쳐나가기를 반복했다. 나는 자다가도 그 애와 싸우는 꿈을 꾸곤 하다가 두 달이 채 못 되어 집을 옮겼다.

워킹
셰어 하우스

새로 옮긴 집은 셰어 하우스의 네 번째 유형, 워킹들이 함께 모여 사는 곳이었다. 교민 가족과 살 때는 부부 싸움이 있는 날이나, 아이가 혼나는 날에 집 분위기가 가라앉곤 했으므로 오히려 모르는 사람들끼리 사는 집이 좋을 것 같았다.

집은 아파트이다. 방마다 두 명씩 살고 거실에도 사람이 산다. 계약은 2주치 방세를 보증금으로 내면 되었다. 나는 거실 셰어를 시작했고 집세로 한 주에 105달러를 냈다. 집주인은 나보다 한 살 어린 유학생이었다. 워킹끼리는 일하는 가게 흉을 보면서 금세 친해졌다. 유학생이라도 비싼 학비를 벌기 위해 아르바이트를 하고 있었으므로 처지는 다 같았다. 이 친구들과 함께했던 시간들 덕분에 큰 외로움 없이 시드니 생활을 버틸 수 있었다. 일하는 시간에는 화장실을 못 가게 하려고 '화장실 금지!'라고 써두었다는 초밥 집 이야기, 주인아주머니가 안계시면 늘 자기 엉덩이를 만지려고 들던 주인아저씨 때문에 어쩔 수 없이 일을 그만둔 이야기들을 서로 털어놓으면서 친해졌다. 함께 신나게 사장 욕을 해주고 잠이 들면 마음이 후련했다. 하지만 한편에서는 마음이 아팠다. 웃으면서 말하지만 속으로 얼마나 힘들었을까 싶었다.

여럿이 살기 때문에 집이 북적일 것 같지만 워킹들의 하숙집은 조용하다. 모든 사람이 일을 하며, 출근 시간이 다르기 때문이다. 게다가 마주칠 일도 자주 없다. 주중에 일하고 주말에 쉬는 규칙적인 생활은 '워킹'의 것이 아니다. 쉬는 날이 제각각이므로 집주인들은 휴일과 출근 시간을 고려해서 하숙생을 받는다.

나는 거실에 살았다. 거실 한 켠에 파티션을 두어 공간을 분리했다. 내 공간은 부엌과 연결되어 있어서 부엌에서 밥을 해먹을 때마다 그 냄새가 나의 '방(?)'까지 넘어왔다. 하지만 일을 시작하고 나서는 집에 오면 바로 쓰러져 잤기 때문에 냄새나 소리 때문에 불편한 적은 없었다. 일곱 명이 각자 부엌에서 요리를 했지만 밥을 먹는지 안 먹는지도 모르게 나는 잘 잤다.

모여 사는 워킹들은 모두 처지가 비슷하다. 서로 반찬을 해서 나누어 먹거나, 밤이면 피시방에서 받아 온 한국 텔레비전의 예능 프로그램을 함께 보았다. 대부분이 스물한 살부터 스물세 살 사이의 친구들이어서 스물다섯인 내가 큰언니였다. 우리는 금세 친해졌다. 힘든 바깥 생활은 집을 더욱 끈끈하게 만들었다.

우리 집은 나 외에 세 커플이 함께 살았다. 셰어를 돌리던 집주인 유학생은 아침 7시까지 일을 나갔다. 오전 7시부터 1시까지는 햄버거 집에서 일을 하고, 오후에는 미용 학교에 갔다가 저녁 늦게 돌아왔다. 그 옆방에 사는 커플은 여자는 초밥 집에서 서빙을 했고, 남자는 마트에서 물건을 날랐다. 이 커플은 8시 반 출근으로 늦게 나가는 편이었는데 대신 퇴근도 늦었다. 이 둘은 하루 종일 서서 일했기 때문에 집에서는 최소한만 움직였다.

다른 한 방에는 일본인 커플이 살았다. 그들은 라멘 집에서 일했다. 각자 일을 두 개씩 했으므로 집에서 얼굴 보기가 힘들었다. 하지만 주말 저녁이면 거실에서 조용히 차를 마시는 모습을 간간히 볼 수 있었다.

일터와 집, 두 장소가 워킹 생활의 전부였기 때문에 같은 집 사람들과의 관계는 소중했다. 혹시나 매니저에게 나에 대한 나쁜 말이 들어갈까 봐 일하던 가게에선 아무 말도 못하고 다녔기 때문에 마음 터놓을 친구는 같은 집 친구들뿐이었다. 이들과 함께 가게 흉을 보지 않았다면, 다리가 아프다고 투정부리지 않았다면, 시급이 너무한 것 아니냐고 화내지 않았다면 그 시기를 어떻게 견딜 수 있었을까. 시드니에서 지내던 마지막 날까지 나는 숙소를 옮기지 않고 여기서 살았다.

1. 방값이 싸다면 방의 종류를 확인해야 한다. '선룸'은 해가 잘 드는 방이 아니라 베란다이며, '거실 셰어'란 거실을 함께 쓰는 셰어가 아니라 거실 방 한 켠에 대충 옷걸이나 파티션 등으로 공간을 나누어 그곳에서 생활하는 것이다. 화장실을 따로 쓰고 싶다면 마스터룸(안방)을 선택한다. 물론 가격이 비싸다.

2. 일자리와 가까운 곳에 숙소를 구한다. 한국처럼 대중교통이 정확한 시각에 도착하지 않으므로 걸어서 갈 수 있는 곳이면 가장 좋다. 무엇보다 트레인을 타고 출퇴근하느라 한 시간 시급을 날리는 건 가슴 아픈 일이다.

3. '워킹'은 여행자가 아니다. 숙소는 바다가 가깝고 경치가 좋은 지역에 있는 집이 아니라, 쌀 주고 김치 주는 집을 골라야 한다. 생활비를 아끼려면 무엇보다 식비를 절약하는 것이 가장 중요하다. 보통 워홀 임대인보다는 교민 임대인의 집이 옷걸이·이불·그릇 등 생필품이 잘 갖춰져 있어 돈을 절약할 수 있다. 세제나 휴지 등 소모품을 비롯해 기본적으로 제공되는 품목을 꼭 확인한다.

4. 교민 셰어는 보통 한 방에 여러 명이 산다. 집주인이 집 열쇠를 사람마다 하나씩 주는지, 한 방에 하나를 주는지 확인하자. 혹시 한 방에 하나만 준다면 같은 방을 쓰는 룸메이트들끼리는 출퇴근 시간을 잘 맞춰야 한다. 열쇠가 없어서, 퇴근하고 길바닥에 앉아 있게 될 수 있다.

5. 셰어하는 집에 어린이가 있다면 잘 생각해 보자. 독립적인 생활이 불가능하기 때문에, 힘든 일이 끝나고 집에 들어갔는데 하교한 아이들과 놀아 줘야 하는 상황이 생길 수 있다. 물론 아이를 좋아한다면 일터의 스트레스를 풀 수도 있겠지만.

6. 먼저 전화로 약속을 하고 방문해서 눈으로 직접 집을 확인한다. 계약하고자 한다면 2~3주치의 방세를 보증금으로 지급한다. 방세는 인터넷 뱅킹으로 선입금하지 말고 입주하는 당일에 건네는 것이 좋다. 방세는 일주일에 한 번씩 지급한다.

7. 계약서를 쓰는 것은 언제나 옳다. 그러나 실제로는 방을 셰어할 때 계약서를 쓰는 경우가 거의 없으므로 왜 계약서를 써야 하는지, 어떤 용도로 쓰이는지 등을 셰어하는 사람 쪽에서 집주인에게 설명해야 한다.

8. '인스펙션'(inspection)을 나오면 잘 숨어야 한다. 인스펙션이란 부동산 중개업소가 임차인(집주인)이 집을 규정대로 잘 쓰고 있는지를 점검하기 위해 집을 방문하는 것이다. 임차인이 사전에 이 집에 셰어를 들일 것인지, 몇 명을 받을 것인지를 명시하고 중개업소와 계약을 하면 문제가 없지만 그런 경우는 거의 없다. 규정보다 훨씬 많은 인원을 받으므로 인스펙션을 나오면 마치 사람이 없는 것처럼 집을 치운다. 이럴 때는 집에 들어가지 말고 물건도 잘 숨겨야 한다. 동네 사람들에게도 집에 여러 명이 산다는 사실을 들키지 않도록 주의해야 한다.

일자리를
구해야 한다!

호주에 가기 전 나는 일자리 걱정을 가장 많이 했다. 과연 내가 일을 구할 수 있을까, 그리고 내가 해낼 수 있는 일일까 하는 생각들로 가득했다. 호주 워킹홀리데이와 관련된 책들이나 인터넷에 올라온 후기만으로는 상상이 잘 되지 않았다. 책이나 인터넷의 정보는 실제 호주의 모습과 이상적인 워킹의 모습이 섞여 있었기 때문에 어디까지 희망을 품어야 하는지 알 수 없었다. 워킹 관련 수기에 등장하는 일자리 구하기에 관한 이야기는 두 가지 종류로 나눌 수 있었다. 운이 좋았다는 이야기와 더불어, 현지인과 함께 일하고 높은 시급을 받았으며 영어 공부도 할 수 있었다는 사례와, '육체노동이 힘들었지만 보람되었다.'로 마무리되는 사례이다. 내게도 행운이 따라 주기를, 그래서 첫 번째 경우를 바라고 호주로 오지만, 실제로는 두 번째 경우가 대부분이다.

비자 신청을 무료로 대행해 주면서 호주에 관한 정보를 준다는 광고를 보고 찾아갔던 여행사(비자는 무료인데 이런 곳에서는 제휴 어학원을 소개하는 등의 영업을 한다)의 상담사는 내게 '대학 나와서 왜 설거지나 하러' 가느냐고 물었다. 그도 워킹을 다녀왔는데 호주에서 청소나 식당 일, 농장 일을 했던 것이 매우 부끄러웠다고 말했다. 이런 이야기를 들을 때마다 복잡한 생각이 들었다. 몸으로 일하는 것은 부끄러운 게 아니니 내가 열심히만 노력하면 즐겁게 생활할 수 있으리라는 생각과, 정말 이주 노동자가 되면 어쩌지 하는 걱정이 동시에 들었기 때문이다.

처음 일자리를 구하기 위해 구인 공고를 찾을 때는 희망찼다. 호주 사람들이 사용하는 구직 사이트에서 정보를 찾고 이력서를 써서 메일을 보냈다. 일주일 내내 보냈지만 아무 곳에서도 답이 없었다. 게다가 워킹을 위한 일자리는 많지 않았다. 장기간을 두고 사람을 구하고 있었다. 지원 기간을 버티는 것도 내가 가져온 돈으로는 불가능했다. 한 달 내내 구직만 하면서 지낼 수는 없었다. 교민 커뮤니티의 구직 사이트를 보면 일자리가 올라오지만 선뜻 마음이 가지 않았다. 그때까지만 해도 워킹 수기에서 봤던 행운이 내게도 올지 모른다고 생각했었다.

그러나 수입 없이 최소한의 생활비를 지출하는 것만으로도 한국에서 가져갔던 경비는 금방 줄었다. 뚝뚝 떨어지는 통장 잔고는 그대로 생활비 지출 품목에도 반영되었다. 곡물 식빵이 흰 식빵으로 바뀌고, 복숭아 잼, 땅콩버터는 가장 저렴한 딸기잼이 되었다. 그리고 결국 모든 음식들이 '당장 일해야 한다'는 결론으로 나를 이끌었다. 설렁설렁 구직 활동을 하던 나는 며칠 지나지 않아 절박한 구직자가 되었다.

이력서를 쓰고 면접을 볼 때마다 여러 가지 생각이 스쳤다. 차라리 졸업을 하고 평범한 일자리를 찾아 취직 준비를 했어야 했나, 학교 다닐 때 하고 싶은 것 쫓아다니지 말고 취업에 도움이 된다는 스펙을 더 쌓아놓을 걸 그랬나, 아니면 힘들더라도 대학원에 가서 공부를 더 할 걸 그랬나. 그도 아니면 한국에 남아서 아르바이트를 할 걸 그랬나. "주방 설거지 모집, 한식당 서빙 모집." 이런 광고를 보니 마음이 선뜻선뜻했다.

하지만 망설임은 오래가지 않았다. 지원을 할까 말까 고민하는 사이에 이미 그 자리는 다른 사람으로 채워졌다. 아르바이트 구하기는 전쟁이었다. 불판 가는 자리 하나가 났는데 지원자가 60명이 오더라는 이야기가 들려왔다. 워킹홀리데이로 들어오는 사람들은 차고 넘쳤기 때문에 예전이라면 5~6개월씩 할 수 있었던 유학생들의 일들도 워킹용 알바로 바뀌었다. 워킹들이 일을 하게 되면서 사람이 2~3개월 주기로 바뀌었다. 호주의 최저임금은 계속 올랐지만 교민 업소 워킹들의 시급은 오르지 않았다.

내가 일자리를 찾기 위해 했던 방법은 네 가지다. 첫째는 호주의 구직 관련 홈페이지를 확인하는 것인데, 현지인들도 사용하는 곳들이었다.[•] 만약 전문 기술이 있다면 한국에서 미리 이곳에 이력서를 넣어 두는 것도 좋은 방법이다. 사람을 구할 때 지원 기간을 두 달이라고 정해 둔 곳이라면 두 달 후 면접이 가능하다는 뜻이므로 호주에 도착하는 시점을 감안해 지원서를 넣어 둔다. 호주 출국 준비를 출국 두세 달 전에 시작한다면 일하고 싶은 분야의 구인 공고를 이때부터 확인해 보면 좋다.

급여 수준도 최저임금 이상이고 근무시간도 법정 시간을 지키는 좋은 일자리가 있기 때문에 우선 이곳에서 정보를 찾고 매일 이력서를 넣어 두었다. 하지만 호주에 있을 때에는 아무 곳에서도 연락을 받지 못했다. 호주에서 1년을 보내고 그 다음해 한국에 돌아왔을 때 두세 곳에서 이력서에 대한 답변이 이메일로 왔었다. 일할 생각이 없냐는 메일이었다. 물론 한국이었기 때문에 일할 수 없었다.

두 번째는 지역신문의 광고란을 보는 것이다. 길가나 지하철 역 인근에는 무가지 신문을 놓아두는 곳이 많다. 과거에는 이 방법으로 일자리를 구할 수 있었다지만 최근에는 인터넷을 활용하기 때문에 큰 도움이 되지는 않는다. 주로 출판된 지 오래된 워킹 관련 서적에서 추천하는 방법이다. 나는 지역신문에 구직 기간 내내 열심히 전화를 돌렸지만 일을 구하지 못했다.

세 번째는 이력서를 써서 인근 가게에 돌리는 것이다. 만약 한인들이 많이 사는 지역에 숙소를 정했다면 교민 업소가 많을 것이므로 이력서는 국문과 영문 두 가지로 준비하면 좋다. 인쇄나 복사할 곳이 마땅치 않

● 대표적인 일자리 사이트

http://www.jobsearch.gov.au/
http://www.careerone.com.au/
http://www.jobsearch.com.au/
http://www.seek.com.au/
http://mycareer.com.au/
http://sydney.gumtree.com.au/(시드니)

으니 한국에서 이력서를 준비해 가도록 한다. 만약 교민 업소에서 일하고 싶지 않다면 현지 업소에 이력서를 꾸준히 돌린다. 그러나 당장 일을 구하는 곳이 없는 이상, 이력서를 뿌린다고 해서 바로 연락이 오지는 않을 것이다. 대부분은 사람이 필요하면 그때그때 인터넷을 통해 사람을 구하기 때문이다.

혹은 운이 좋아 현지인 친구를 만나 좋은 일자리를 소개받기도 한다. 이 방법이 워킹 수기나 출판된 책에 성공 사례로 등장하곤 하는데, 나는 이 방법이 가능할 확률은 한국과 마찬가지라고 생각한다. 한국에서도 아르바이트가 필요할 때 지인의 소개로 좋은 일을 구하기도 하지만 내가 필요할 때 일자리를 바로 소개받을 수 있는 가능성은 낮다. 그래서 한국에서도 일이 필요하면 인터넷을 통해 직접 아르바이트를 구하지 않는가. 호주에서도 마찬가지다. 크게 기대하지 않는 것이 좋다.

대개는 위와 같은 방법을 몇 번 해본 뒤에 일을 찾지 못해 결국 교민 홈페이지 〈호주 나라〉(www.hojunara.com)로 가게 된다. 실시간으로 구인 정보가 많이 올라오므로 올라오는 즉시 연락해 면접 일정을 잡고 가야 한다. 갈 때는 국문 이력서를 반드시 가져간다. 이력서에는 아르바이트, 특히 단순노동과 관련된 경력을 많이 넣는 것이 좋다.

나는, 유창한 영어까지는 어려웠지만 한국에서 열심히 공부한 영어로 기본적인 의사소통 정도는 자신이 있었기 때문에 호주인 고용주가 있는 직장을 구하기 위해 노력했다. 그러나 몇 주 내내 허탕만 치면서 결국은 교민 업소를 찾기 시작했다. 한국에서와 똑같은 알바 면접을 보러 다니게 된 것이다.

호주에는 여러 나라에서 온 이민자들이 있다. 이들은 대체로 작은 가게를 운영했는데 호주인보다는 자국에서 건너온 젊은이들을 고용하곤 했다. 게다가 자국인들에게는 최저임금을 지키지 않아도 괜찮다는 암묵적인 합의까지 있는지 대체로 시급이 비슷하게 낮았다. 한국인이 일본인 가게나 베트남인 가게에 채용되는 것은 쉽지 않았고, 마찬가지로 한국인 가게에 다른 나라 출신을 채용하는 일도 거의 없었다. 일본인이 하는 가게에 면접을 본 적이 있었는데 일어를 못해서 떨어졌다. 신기하게도 일본인 가게 또한 시급은 한인 업소와 동일했다.

워킹홀리데이 비자의 발급 인원 제한이 없어지자 입국자 수는 급격하게 늘어났다. 하지만 교민의 수는 그렇게 늘지 않았으므로 일자리가 부족해진 것이다. 교민들은 언제든 워킹의 싼 노동력을 사용할 수 있게 되었다. 교민들은 운영비를 낮추기 위해 워킹들의 시급을 점점 낮췄다. 2009년 내가 호주에 있었을 당시 워킹의 평균 시급은 시간당 10달러였는데, 워킹 수기를 펴낸 책을 읽거나 오래 거주한 교민들의 이야기를 들어보면 약 10년 전인 1990년대 말에도 워킹의 시급은 시간당 10달러였다. 이렇게 낮은 임금을 주지만 일을 하려는 사람은 차고 넘친다.

워킹이 입국해서 일자리를 구하고 일을 하고 시급을 받는 모든 과정은 그 어디에도 기록이 없다. 일을 시작할 때 근로계약서를 쓰지도 않고, 가게 주인들은 사람을 고용했다는 신고를 세무서에 하지도 않는다. 일을 했다는 기록이 없으니 부당한 작업환경에 대한 신고 근거도 없다. 워킹홀리데이 비자 발급과 더불어 손쉽게 세금 신고 번호TFN, Tax File Number를 발급받을 수 있는데, 원칙적으로는 고용이 되면 이 번호를 세무서에 신고하고 소득세를 납부하게 된다. 하지만 이 번호를 직접 사용할 일은 거의 없다. 소득세 신고 없이 현금으로 지급하는 임금, 최저임금의 절반의 시급, 규정보다 훨씬 긴 노동시간, 식사 시간이나 휴식 시간이 없는 환경, 암암리에 이루어지는 이런 관행들은 직접 일해 보지 않으면 모르는 것들이다. 기록도 통계도 없는 이런 노동 상황은 아무도 모른다.

모두가 잠든 새벽에 도시를 청소하는 사람, 장막으로 가려진 건설 현장에서 일용 잡부로 일하는 사람, 호주 사람들이 출근한 후 집을 청소해 주는 사람들은 이민자들이다. 그리고 그들이 고용한 워킹들이다. 이토록 열심히 일하는 사람들은 시드니의 대낮에는 보이지 않는다. 호주에서 나는 새삼, 서울에서도 쓰레기 청소, 건물 청소, 건설 보수공사 등이 늘 늦은 밤과 새벽에만 이루어졌다는 사실을 떠올렸다. 꼭 필요한 일이지만 더럽고 힘든 일이라고 여겨지는 일들은 늘 모두가 자는 새벽에, 보이지 않는 곳에서 이루어진다. 누군가는 보이지 않는 곳에서 일했지만 나는 서울에서 그들을 본 적이 없었다. 이번에는 내가 그렇게 숨게 되었다.

| 합법적인 일자리를 위해 준비하자 |

가능성은 낮지만, 최저임금을 받는 직장에서 일할 수도 있으므로 합법적인 일자리를
위해 다음 두 가지를 준비하자.

1. 세금 신고 번호

세금 신고 번호를 발급받으면 소득세를 납부할 수 있다. 소득세를 납부한다는 것은 고
용 사실을 국가에 신고한다는 뜻이며, 호주 노동법의 적용을 받으므로 최저임금이나
복리 후생 등의 권리를 보장받는다는 것이다. 호주 국세청(전화번호 13-2861, www.ato.
gov.ar), 동네마다 있는 지자체 사무소 혹은 구청에 해당하는 카운실(Council)의 세금
담당 부서(Tax Office), 센터링크(Centerlink) 지점을 방문해 신청할 수 있다. 번호를 우
편으로 받기 때문에 거주지를 확정한 후에 신청하자. 워킹에게는 세컨드 비자 발급을
위한 필수 조건이라는 의미가 더 크다. 세컨드 비자 발급이 가능한 업종에 3개월간 종
사했다는 것을 입증하기 위해서는 이 업종에서 근무하고 세금을 납부한 사실이 있어
야 하기 때문이다. 세컨드 비자를 생각하고 있다면 반드시 발급받도록 하자.

2. 은행 계좌 개설

호주에 도착한 후 6주 이내에 계좌를 개설하는 경우에는 신원 확인을 위해 대개 여권
만 있으면 되지만, 6주 이후에 계좌를 개설하려면 추가적인 신원 확인이 필요하므로
미리 개설하도록 하자. 이때 체크카드를 발급해 두면 현금을 들고 다니지 않아도 되어
간편하다. 카드가 우편으로 배송되기 때문에 마찬가지로 거주지를 확정한 후 신청하
자. 그리고 세금 신고 번호와 은행 계좌를 임금 수령에 꼭 사용할 수 있도록 기도를 하
면 준비 끝!

일자리 구하기
실전 편

구직란에 올라온 직종들이다. '키친 핸드'가 무엇일까 한참을 고민하다가 집주인 아주머니에게 물어봤더니 글자 그대로 주방의 손, 즉 설거지 하는 사람이라고 했다. 웨이트리스는 식당 홀서빙, 롤 말기는 김밥을 마는 것(김밥과 비슷한데 식초 밥을 쓰고 연어회나 오이, 참치 등을 넣어 둥글게 만 음식을 '스시 롤'이라고 부르는데 호주에서 인기가 많다)이며, 홈 청소는 집을 방문해 청소하는 일이다. 일반적으로 청소는 술집(펍) 청소와 집 청소로 나뉘는데, 새벽에 하는 술집 청소가 시급이 더 높다. 건축 일용 잡부 일은 다른 일보다 시급이 2달러 높지만 여자는 모집하지 않는다.

교민들이 운영하는 곳은 대부분이 식당이나 청소 하청업이므로 이런 일자리가 주를 이룬다. 전화 버튼 앞에서 손가락이 멈칫거릴 때마다 망설임은 허영심 때문이라 일축하고 자존심을 한 번 더 구겨 접는다. 그렇게 골라낸 목록을 수첩에 적었다. 이제부터 정말 구직 시작이다.

면접 볼 가게들, 동선을 정하자

제일 처음, 모집 공고를 보고 전화를 해서 면접 일정을 잡는다. 면접을 봐야 할 곳의 교통편을 고려해 트레인 train(한국의 지하철과 같은 대중 교통수단) 노선을 따라 시간을 맞추어 면접 일정을 짜야 한다. 예를 들어 시드니의 경우, 오늘 노스 쇼어North Shore 라인을 선택했다면 해당 노선에 있는 일자리를 위주로 면접을 보는 식이다.

시드니 지하철은 구간별로 가격이 다른데, 편도 4달러, 왕복 8달러를 기본으로 하고 거리에 따라 추가 금액이 붙는다. 예를 들어 출발한 역부터 도착역이 10정거장 이내라면 기본요금, 그 이상이라면 구간에 따라 추가 요금이 붙는 방식이다. 지하철 한 번 타면 한 끼 밥값만큼 내야 하니 거리 때문에 추가 비용을 물지 않도록 계획한 거리 안에서 모든 면접을 볼 수 있도록 배치한다. 하루 종일 다녀도 이동 시간, 대기 시간 때문에 4~5개 정도밖에 볼 수 없다. 면접을 보고 바로 연락이 오기도 하고 며칠 후에 연락이 오기도 한다. 면접에서 떨어졌다고 연락을 해주는 가게는 없다. 언제 전화가 올지 모르니 휴대폰은 꼭 들고 다니도록 한다.

면접 볼 때 (눈치로)
반드시 확인하자

모집 공고에는 시급과 업무에 대한 간략한 소개만 있을 뿐이다. 그러니 어떤 환경에서 어떤 일을 하게 되는지는 눈으로 직접 봐야 한다. 이제까지 소비자의 시선으로 다녔다면 이제부터는 일하는 사람의 시선으로 가게를 탐방해 보자. 손님이 앉는 자리가 깨끗한지는 금방 알 수 있지만 주방이 깨끗한지는 잘 보이지 않는다. 열심히 일하는 사람들이 어디에 있는지를 찾아보자. 직원들을 위한 의자나 휴게실이 있는지, 웨이트리스들이 모두 화장을 하고 있는지, 복장 규정이 있는지 자유로운지, 주인이 항상 가게에 있는지, 영업시간이 너무 길지는 않은지를 살펴본다. 내가 만약 여기서 일한다면 어떨까 하는 생각을 하면서 보니 예전에는 보이지 않았던 것들이 많이 보였다. 손님을 위해서는 정말 좋은 곳이지만 일하는 사람들은 쉴 곳도 없는 가게가 많았다. 어떤 마트는 계산원들이 의자에 앉아 있지만 어떤 마트는 모두 서서 일했다. 남자들은 주방에서 일하고 여자들은 홀 서빙만 하는 곳이 있는 반면, 성별 구분 없이 일하는 곳도 있었다. 일하는 곳의 분위기와 규칙은 시급만큼이나 중요하다.

이렇게 꼼꼼한 계획을 세우는 구직자들과 달리 업주들은 면접을 '헐렁하게' 본다. 약속 시간에 업주가 자리에 없는 경우도 있었고, 업주가 바쁘다며 다른 일을 하느라 한 시간 넘게 기다리기도 했다. 내게는 기다리라면서 이웃과 담소를 나누거나, 면접을 보기로 했다는 사실 자체를 잊어버리는 일도 있었다. 면접이란 대등한 지위에서 서로가 필요한 것을 협의하는 자리라고 생각했었다. 나는 돈이 필요하고, 업주는 내 노동력이 필요하니 말이다. 그러나 가게 한편에 선 채로 면접을 기다리는 동안 나는 점차 내 지위를 깨닫게 되었다. 면접 때마다 나는 매우 긴장했지만 면접은 가게 안에서 그리 중요한 행사가 아니었다. 일을 하며 알게 된 사실이지만, 직원이 바뀌는 주기가 매우 짧았기 때문에 면접은 1~2주마다 있었다. 업주들의 그 심드렁한 태도가 조금은 이해가 되었다.

워킹은 인턴? 비정규직? 알바?

호주의 노동법에 따르면 주당 근무 시간별로 고용 형태를 세 가지로 나눠 볼 수 있다. ❶ 풀타임full time job(주 38시간 이상 근무), ❷ 파트타임part time job(주 38시간 미만 근무, 주당 근무 날짜가 고정되어 있음), ❸ 임시직casual job(농장 노동처럼 일부 기간만 근무).

자신의 일자리가 어디에 속하는지를 알고 있다면 시급을 계산할 수 있다. 같은 일을 하더라도 풀타임인지 파트타임인지에 따라 시급이 다르기 때문이다. 그러나 워킹은 한 가게에서 6개월 이상 일할 수 없으며, 정규직 풀타임이나 파트타임 일자리는 유학생이나 교민 등 거주가 확실한 사람을 선호하므로 워킹은 현실적으로 임시직으로 일하게 될 가능성이 크다. 어쨌든 현지인 가게에 취업할 경우 고용 형태에 따른 최저 시급을 반드시 확인하자.

일반적으로는 풀타임 일자리보다 파트타임 일자리가, 또 그것보다는 임시직이 시간당 최저임금이 높다. 또한 풀타임은 주급으로 계약하고 파트타임과 임시직은 시급 단위로 계약한다. 최저임금 표는 해당 지역 지방자치단체 사무소인 카운실council의 노사관계부Department of Workplace Relation에 구비되어 있으며, 페어 워크 옴부즈맨FWO : Fair Work Ombudsman이 운영하는 공식 사이트*에서 업종별 최저임금을 확인할 수 있다.

워킹의 고용 형태는 다음 세 가지로 분류할 수 있을 것 같다. ❶ 텍스잡tax job, ❷ 캐시잡cash job, ❸ 트레이니trainee(수습직).

첫째, '텍스잡'은 세금을 내주는 일자리다. 소득이 발생하면 고용주가 먼저 소득세를 세무서에 내고 나머지 금액을 노동자에게 지급한다. 세무서에 소득세를 낸다는 것은 고용 사실을 관공서에 신고했다는 것을 의미한다. 즉 그 일자리는 공식적인 일자리, 호주의 최저임금법을 준수하는 사업장이라는 뜻이다. 양질의 일자리, 최저임금을 주는 일자리이다. 일정 수준 이하의 소득을 얻은 사람은 정산 기간에 신청을 하면 소득세를 환급해 준다. 그러나 환급보다는 워킹들에게 텍스잡이란 돈을 많이 주는 일자리를 의미한다. 만약 세컨드 비자**를 생각하고 있다면 호

---

* http://paycheck.fwo.gov.au/PayCheckPlus.aspx

** 세컨드 비자란, 워킹홀리데이 비자 소지자 가운데 호주 내 특정 지역(Regional Australia Postcode Area), 특정 업종에서 최소한 3개월(88일) 이상 일한 사람에 한해 비자 유효기간을 연장해 주는 것이다. 농업·목축업·어업 등 단기 1차 산업에 종사하면 자격을 얻을 수 있는데, 해당 업종 목록은 이민성 홈페이지에서 확인할 수 있다. 세컨드 비자를 신청하려면 급여 명세서인 페이 슬립(pay slip)을 제출해야 하고, 세금을 낸 기록도 있어야 한다. 농장 일을 선택할 때에는 세컨드 비자 신청이 가능한 지역인지 미리 확인해야 한다.

주 정부가 지정한 업종에서 3개월 이상 고용된 사실을 증명해야 하므로 반드시 텍스잡을 가져야 한다. 이에 대해서는 이후 농장 구직 부분에서 좀 더 자세하게 설명하겠다. 최저임금은 호주 연방 기준 16.87달러(2015년도 기준)이며, 업종별로 최저임금이 각각 있다.

둘째, 캐시잡은 고용 신고를 하지 않는, 따라서 고용주가 소득세를 납부하지 않는 일이다. 소득세를 납부하지 않으니 그만큼 급여를 더 줄 것 같지만 그렇지 않다. 고용 사실을 신고하지 않으며 더불어 최저임금도 지키지 않고, 급여를 지급했다는 기록 자체를 남기지 않기 위해 급여를 현금으로 직접 준다. 워킹 일자리의 대부분은 캐시잡이다. 과거에는 현지인이 운영하는 곳은 텍스잡, 교민 업소는 캐시잡이라고 봐도 무방했지만 최근 현지인 업소에서도 캐시잡으로 고용하거나, 텍스잡임에도 최저임금에 미달하는 돈을 주는 경우들도 종종 생기고 있다.

셋째, 트레이니는 수습 직원이다. 트레이니는 호주의 고용 형태 분류 항목에 들어가는 것도 아니고, 텍스잡이나 캐시잡에도 들어가지 않지만, 나는 트레이니도 워킹에게 중요한 고용 형태라고 생각해 분류에 넣었다. 수습 기간을 얼마나 정하고 있느냐에 따라서 받을 수 있는 급여가 크게 다르기 때문이다. 일반적으로 모든 업무에서 수습 기간은 원래 약속된 급여의 일부만 지급한다. 업무에 숙달되지 않았기 때문이다. 호주의 노동법은 트레이니의 급여에 대해서도 업종별로 최저임금을 정해두고 있다. 그러나 어차피 캐시잡인 워킹 일에 그런 최저임금은 적용되지 않는다. 워킹 수습 직원에게는 책정된 시급의 절반이 지급된다. 2009년 기준 평균 워킹 시급이 시간당 10달러이므로 수습 기간에는 5달러를 지급한다. 수습 기간은 가게마다 천차만별인데, 2~3일에서 길게는 2~3주를 두기도 한다. 이 기간을 미리 확인해야 한다. 수습 직원을 별도의 고용 형태로 구분한 이유는 수습 기간이라 해도 단순 업무가 많아 업무 파악 기간이 짧고, 보조자 없이 혼자 일하는 시간이 많은데도 수습 기간이라면서 시급을 낮게 책정하는 경우가 많기 때문이다. 그리고 수습만 실컷 시키다가 해고하기도 한다. 수습 기간이 어느 정도인지, 혼자 일하는지, 그 기간의 시급은 얼마인지 반드시 확인하자. 시간당 5달러면 최저임금의 4분의 1인데, 한국에서 최저임금의 4분의 1을 받고 일한다고 생각해보면 더 와닿는다. 2015년 한국의 최저임금인 5,580원을 기준으로 하면 최저임금의 4분의 1, 즉 시간당 1천4백 원을 받는 셈이 된다.

앞에서도 말했지만 페어 워크 옴부즈맨 사이트에 가서 업종과 고용 형태를 입력하면 자신이 받아야 할 최저임금을 계산해 볼 수 있다. 하지만 확인 후 자신이 받는 현재 급여와 최저임금 사이의 격차를 보면 마음이 아플 수 있다는 점에 주의하자.

시급을 계산할 때 유의 사항이 있다. 호주는 원래 주마다 임금을 주지만, 교민 업소는 업소마다 다르다. 그리고 보증금이 있다. 보증금은 임금의 일부를 지급하지 않고 업주가 보관하는 돈이다. 가게마다 다르지만 대개 2주치 임금을 보증금으로 한다. 심한 곳은 한 달 임금을 잡아 두기도 한다. 워킹이 약속한 기간만큼 일을 하지 못하거나, 중간에 도망가는 것을 방지하기 위해서라고 한다. 나름의 이유가 있다고는 하지만 불법인 행위를 정당화할 근거는 없다.

워킹홀리데이 비자 소지자들은 지역을 자주 옮겨 다니므로 소규모

자영업자인 교민들은 이 점이 늘 불안하다고 했다. 종업원이 자주 그만 두니 보증금을 통해 이를 방지할 수 있을 것이라고 믿었다. 법을 지키면 서 보증금도 없이 사람을 고용했다가 다음날 당장 일을 안 나오면 어떻게 하느냐는 것이다. 반대로 워킹홀리데이들은 될 수 있으면 장기간 일하지 않으려고 한다. 다른 장소로 이동할 수 있을 만큼 돈을 모으면 떠나고 싶어 한다. 이는 한편으로 도시 하층 노동을 즐겁게 장기간 하는 것이 어렵기 때문이기도 하다. 오래 일했으면 좋겠다는 고용주와, 짧게 일하고 여행을 즐기고 싶어 하는 워킹들 사이의 타협 기간은 3개월이다. 대부분 업주는 3개월의 계약 기간을 요구하고, 이 기간을 채워 일할 경우 보증금을 돌려주었다. 사람들은 이 3개월이 서로에게 가장 적절한 기간 이라고 말했지만, 실제로 최소 근무 기간이 3개월인 이유는 (2006년 이전 까지) 워킹홀리데이 비자를 가진 사람은 한 작업장에서 최대 3개월까지 만 일할 수 있다는 규정이 있었기 때문이다. 2006년 7월부터 6개월로 연 장되었지만 현장에서는 다들 3개월 기준으로 사람을 구했다.

**영어,
얼마나 잘해야 할까?**

한국에 돌아온 뒤, 호주 워킹을 준비 하는 이들에게 가장 많이 들었던 질문은 "영어를 어느 정도 해야 하느 냐"는 것이었다. 취업을 위한 영어와, 일할 때 필요한 영어로 나눠서 생 각해 보자. 우선 일할 때는 중고등학교 때 배운 영어를 활용하는 것으로 도 충분하다. 웨이트리스, 홀 서빙이라 하더라도 대화에서 사용하는 영어는 간단한 메뉴와 인사 정도이므로 의사소통에 큰 어려움은 없다. 정작 어려움은 호주식 발음에 익숙해지는 것인데, 시간이 지나면 자연스럽게 귀에 익는다. 호주인들은 서비스 업종의 사람들에게 무례하지 않은 편이므로, 긴장하지 말고 천천히 대화하는 것이 중요하다.

하지만 한인 업주들과의 면접에서는 영어가 어려운 문제가 될 수 있다. 영어를 잘하는 것처럼 보이는 것이 중요한데, 공인 영어 성적이나 발음, 심지어 출신 학교 등이 판단의 기준이 되는 경우가 많다. 그러니 면접 시에는 짧은 자기소개와 같은 문장 몇 개를 달달 외워 가는 것도 방법이다.

첫 면접은 주스 가게였다. 식당 일이 대부분인데 주스 가게에서 사람을 구한다니 많은 사람들이 몰려들었다. 면접을 보러 갔더니 직원들은 무표정한 모습으로 손을 놀리고 있었고, 가게 입구에는 면접을 보러 온 사람들이 길게 늘어서 있었다. 주스를 만드는 일이라 좋은 직업군에 속하지만 가게가 유흥가 옆에 있어 밤이면 위험하다는 단점이 있었다.

직원의 말로는 단 두 명을 뽑는 공고에 60명이 왔다고 했다. 이럴 땐 시간 공략이 중요하다. 모집 공고가 올라오자마자 전화를 하고 빨리 면접을 보는 사람이 일자리를 잡을 수 있다. 차례를 기다리다 보니 주인이 나와 면접을 시작했다. 주인은 간단히 이력서와 숙소 위치를 확인한 후 영어로 '자기소개'를 해보라고 했다. 무언가 말을 하려고 했으나 1분도 안 되어 내 말을 자르고 위아래로 나를 훑어보던 주인은 칼을 잘 써야 한다는 말과 함께 급히 면접을 끝냈다. 일을 하게 되면 시간대는 어떻게 되는지 시급은 얼마인지를 물어볼 틈도 없이 5분 만에 면접이 끝났다. 이미 다음 면접자가 다가오고 있었고 주인은 "굿바이"를 외치면서 손을 흔들었다. 얼떨결에 나는 "땡큐"라고 말하면서 허리를 꾸벅 숙여 인사를 하고 나왔다.

영어 성적을 요구하는 곳도 있었다. 시드니 시티 내에 있는 피시방에 면접을 갔었다. 가게 안에는 배낭을 맨 사람들이 인터넷을 사용하고 있었다. 대부분은 게임을 하는 것이 아니라 지도를 찾고 있는 여행객들이었다. 피시방 아르바이트는 정보검색을 주로 하는 곳인지 게임을 주로 하는 곳인지에 따라 일의 질이 달라진다. 게임용 피시방은 공기도 탁하고 무례한 손님도 많다.

면접을 위해 전화로 약속을 했지만 주인 대신 입구를 지키고 있는 사람은 피곤한 얼굴의 아르바이트생이었다. 밖은 더위로 푹푹 찌는데 가게 안은 컴퓨터 돌아가는 소리만 윙윙 울리고 있었다.

"탁자 위에 이력서 두고 가세요."

눈길도 주지 않는다. 이력서를 자리에 두고 돌아서려는데 그녀가 다시 나를 불러 세웠다.

"토익 점수가 몇 점이세요?"

"네?"

"토익 점수요. 시험 안 보셨어요?"

"일하는 데 필요한 말은 할 수 있어요."

"그래도 사장님이 알아 두라고 그러셨는데. 그럼, 그냥 대충 7백 점 정도? 그렇게 적어 둘게요."

만점이 990점이라는 것도 그 당시에 몰랐는데, 7백 점이 낮다고 생각했는지 그 피시방에서는 연락이 오지 않았다. 항상 영어를 요구하는 많은 면접장을 다니다 보면 "영어 연수! 호주 워킹홀리데이!" 등등 학교마다 걸려 있는 현수막이 떠오르곤 했다.

일을 몇 개 할 것인가?

여러 차례 면접에 떨어지고 난 뒤 마침내 일자리를 잡은 후, 내가 일주일에 얼마나 벌 수 있는지 계산해 보았다. 가장 처음 일하게 된 곳은 주스 가게였다. 그런데 이곳에 고용된다고 해도 처음에는 4~5시간밖에 일할 수 없다고 했다. 수습 기간이 지나야 8시간을 일할 수 있다는 것이다. 만약 교민 업소 평균 시급인 시간당 10달러를 받는다면 최소한 얼마를 벌어야 이곳에서 생활이 가능할까. 호주는 모든 것이 일주일 단위로 이루어지므로 일주일을 기준으로 따져 봤다.

	방세	130달러
	최저 식비(외식·간식 없이 하루 세끼 집 밥만)	100달러
지출	생필품	50달러
	전화요금	10달러
	교통비(지하철 정기권)	30달러
지출 합계		320달러
수입	(주 5일간 8시간씩 일할 경우) 8시간×5일×(워킹 평균 시급) 10달러=4백 달러	

최대한 아끼면 일주일에 80달러를 저금할 수 있다. 그러나 늘 변수는 있기 마련이다. 감기에 걸려서 감기약을 샀다면 15~20달러, 날씨가

추워져서 목도리를 샀다면 25달러를 제해야 한다. 따라서 이렇게 최소한으로 생활하고 일만 하다가 한국으로 돌아갈 것이 아니라면 일을 여러 개 해야 한다. 따라서 호주 워킹들은 두 가지 이상 일을 한다. 어학원에 등록하고 싶은 이들이나, 세컨드 비자를 받기 위해 농장에 갈 계획을 하는 사람들, 한국에 돌아갈 비행기 값이 필요한 사람들 모두 마찬가지이다. 농장에 가기 위해 필요한 차를 구입하고, 어학원에 등록하는 돈을 모으려면 일을 두 개는 해야 했다.

워킹으로 일하며 시드니에서 산다는 것은 한국에서 살면서 시간당 2천 원의 시급을 받는 생활과 비슷했다. 사람들은 어쩔 수 없이 여러 가지 일을 하지만 일하는 가게에는 알리지 않는다. 가게 주인의 입장에서는 당연히 덜 피곤한 종업원을 선호하므로 다른 일을 하고 있다고 말하면 고용하지 않으려 하기 때문이다. 그래서 구직자들은 다른 곳에서 일한다는 것을 비밀로 한다. 또 일과 일 사이의 이동 시간을 적절히 안배하는 일, 최소한의 수면 시간을 확보하는 일까지 생각하면 시간표를 짜는 일도 중요하다.

어찌되었건, 아르바이트생에게 임금을 보증금 명목으로 묶어 두는 것도, 최저임금을 지키지 않는 것도 모두가 불법이다. 그리고 이것이 불법이라는 것은 모두가 알고 있다. 외교통상부의 '지원'을 받는다는 호주 워킹홀리데이 지원 센터의 게시판에는 버젓이 "보증금을 요구하는 곳에서는 일하지 마시오."라고 써있다. 그런 곳에서 일하지 않으면 아마 일자리만 찾다가 한국으로 돌아오게 될 것이다.

유학생이세요,
워킹이세요?

　　　　　　　많은 교민들이 교회를 중심으로 생활하고 있었다. 우리 하숙집 아주머니 또한 교회에 열심히 다녔다. 자연스럽게 나도 아주머니를 따라 한인 교회에 나갔다. 교회에서는 다른 워킹을 많이 만날 수 있다고 했다. 거주지 정보나 일자리 정보, 더 나아가 워킹 홀리데이 일정 전반에 대한 조언을 얻기 위해, 시드니에 도착하고 맞은 두 번째 일요일에 나는 교회에 나갔다.

　한국 교회처럼 십자가가 높이 있지 않아서 겉모습은 좀 달랐다. 하지만 문을 열고 들어가자 한국에 있는 교회에 온 것 같았다. 친절한 사람들이 다가와서 연락처를 쓰라면서 종이를 주었고, 기본 정보를 확인했다. 한국이라면 직업이나 나이를 묻겠지만 호주에서는 비자 형태를 먼저 묻는다.

　"유학생이세요, 워킹이세요?"

'워킹'은 단순히 비자의 형태가 아니라 그런 삶을 사는 사람들을 일 컫는 '신분'이었다. 워킹들끼리 호주 한인 사회의 신분 피라미드에 대해 이야기하곤 했다. 워킹은 최하층이다. 그 위에는 이민을 준비 중인 직업학교 유학생, 그 위에는 일반 유학생, 그다음은 현지 교민, 그 위는 현지에서 태어나 자란 한국계 호주인들이 있다.

자리에 앉자 곧 예배가 시작되었다. 드럼과 기타 베이스 연주가 시작되었다. 복음성가ccm를 20분쯤 불렀다. 일반적인 예배다. 그런데 타지 생활에 너무 긴장해 있었던지 한글만 봐도 눈물이 났다. 한국 사람들이 모여 있으니 이들이 나를 도와줄 수 있을 것만 같았다. 같이 온 워킹 친구들 중에 눈물이 그렁그렁한 사람도 보였다.

설교가 시작되었다.

오늘의 주제는 '순종'.

"하나님의 것을 하나님에게, 로마의 것을 로마에게 바치듯 우리는 교회에서는 교회의 일에 순종하고 호주 땅에서 호주의 법을 지키고 순종하며 살아가야 합니다."

사람들이 함께 "아멘"을 외쳤다.

"그리고 우리는 이 법을 만드는 정부에도 순종하고 나아가 고국에 있는 정부를 위해 기도해야 합니다."

법을 어기는 사람은 누구일까. 가끔 무단 횡단을 하는 워킹일까. 최저임금을 주지 않고 싼값에 워킹을 고용한 뒤 세금 신고를 하지 않는 교민 업소의 업주들일까. 그런 교민 업소와 이민자들이 많은데도 불구하고 단속을 하지 않는 호주 노동부일까. 자국에 필요한 하층 노동을 싼 값에 해결하기 위해 워킹 홀리데이 비자의 인원 제한마저 풀어 버린 호주 정부일까. 나는 잘 모르겠다. 누구에게 순종하는 것이 옳은 것일까.

예배가 끝나고 식사 시간이다. 밥 먹으러 교회 가는 워킹들도 많았다. 제대로 된 밥과 국, 반찬을 갖춰 먹기가 쉽지 않기 때문에 밥 먹으러 교회 가는 것도 흠이 아니었다. 예배가 끝나고 교회의 여자들이 부엌으로 들어간 후 몇 십 인분의 밥이 나왔다. 남자들은 식탁에 앉아서 이야기를 나누고 있었다.

그런 모습을 보지 않기 위해 고개를 숙이고 밥만 먹었다. 국물에 밥을 말아 후루룩 그릇을 거의 비워 가던 즈음, '담임 목사'님이 내가 앉아 있는 탁자 앞으로 걸어왔다. 주변을 둘러보니, 이쪽에서 밥을 먹는 사람들은 모두 그날 새로 교회에 나온 사람들이었다.

"오늘 새로 온 여러분들에게 한 가지 물어볼 것이 있어요. 예수님이 우리 구주이며 우리를 위해 죽으셨다 살아나신 것을 믿으십니까?"

목사님 앞에는 모두 워킹홀리데이 비자를 받은 여섯 명이 앉아 있었다. 그중 두 명은 한국에서 전혀 교회를 다니지 않았고 한 명은 어릴 적에 잠시 다닌 적이 있다고 했다. 한국이었다면 처음 온 사람을 배려하는 차원에서 천천히 질문했을지도 모르겠다. 그러나 이곳에서는 아무래도 상관이 없는 것 같다. '네'라고 하면 안 된다. '아멘'이 필요하다.

"하나님 아버지께서 천지의 창조자이심을 믿으십니까?"

"아멘!"

호주에 와서 나는 대답을 잘하는 사람이 되었다. 질문이 갈수록 어려워졌지만, 답변은 더 빠르고 명쾌하다. 태어나서 교회에 처음 와본 사람도, 전혀 다른 교단에 있었던 사람도 우렁찬 '아멘'으로 대답했다. '초신자를 위한 목사님 면담'이 30분을 넘어 가고 있었다. 아까 봉지 커피를 마셔서 그런지 화장실에 점점 가고 싶은데 면담이 안 끝나고 있다.

"우리가 죄인임을 믿습니까?"

잠시 다니다가 그만두었던 교회에서도 같은 질문을 받은 적이 있었다. 그때 나는 무슨 죄를 지었는지 생각나지 않는다고 했었다. 그러나 지금은 그렇게 대답하면 집에 빨리 가지 못할 것 같다. 다시 "아멘!"이라고 했다. 빨리 가고 싶어서 다들 열심히 대답한 것인데, 목사님은 기분이 좋으셨는지 우리를 위해 길고 긴 기도를 시작했다.

"자, 이제 우리 모두 예수 안에서 구원받았습니다. 기도합시다."

수많은 아멘 끝에 공식적으로 화장실에 갈 수 있게 되었다. 목사님이 기도가 끝난 후 이렇게 덧붙였다.

"앞으로 어려운 일이 있으면 교회에 와서 말씀하세요. 여기 영어 잘하는 유학생들도 있고 하니, 혹시 거버먼트에서 서류 같은 거 오면 그냥 함부로 버리지 말고 꼭 가져오세요. 같이 도와줄게요."

그러고는, 자리를 정리하고 있는 내게 목사님이 말했다.

"자매님, 집에 가서 기도 많이 해보고, 우리 교회에서 한번 일해 봐요."

자매님이 되자마자 나는 농장에 다녀왔다는 사람, 이 근처에서 일자리를 잡고 일한다는 사람을 소개받았다. 길고 긴 입교의 시간 후에 비로소 교회가 가진 호주 생활의 '정보'를 얻을 수 있었다.

호주 사회에서 교민들을 묶는 구심점은 교회이다. 한인회가 있다고는 하나 지역까지 뿌리 깊게 자리 잡고 있는 것은 아니다. 초기 정착의 단계에서 여러 정보들, 가령 집 문제나 일자리 문제, 아이들의 교육 문제 등에 대한 도움을 받기 좋기 때문에 교회는 초기 이민자들에게 중요한 장소였다.

교회는 개인적인 종교 생활의 장이기도 하지만 동시에 자신의 존재를 확인하는 장소이기도 하다. 이민자들에게 한국에서의 삶에 대해서는 묻지 않는 것이 관례다. 대신, 척박한 이곳에 정착해 살아 온 그 역사가 그에게는 새로운 훈장이 된다. 이곳에서 작은 가게를 열고 아이들을 키우는 것은 쉽지 않다. 게다가 그렇게 아무리 열심히 노력한다 할지라도 호주 사회 내에서 주변인의 위치를 넘어설 수 없다는 것을 그들은 누구보다도 잘 알고 있다. 교회는 호주에서의 고생과 노력을 유일하게 인정받고 보상받을 수 있는 공간이자, 교민들이 한국을 떠나오면서 느끼는 사회적 지위의 하락을 보상받는 곳이다.

교회는 철저히 교민들을 중심으로 운영된다. 지금은 힘들지만 언젠가는 복을 받을 것이라는 설교가 대부분이지만 그것은 현재 고통 받는 모든 사람의 마음을 위로한다. 이민 교회는 대부분 장로교나 침례교 소속이다. 호주의 교회가 대부분 연합 교단 소속 개신교나 성공회라는 점과 비교했을 때 큰 차이가 있다.

교단별로 만들어진 신학교에서 목회자가 쏟아져 나오면서, 외국으로 눈을 돌리기 시작한 사람들 가운데 일부가 호주에 정착했는데, 대부분은 한국과의 적극적인 신학 교류가 부재한 상태에서 이주 당시의 교회관에 멈추어 있는 게 현실이다. 또한 이들 교회는 현지에 적응한 교민들과 밀접한 관련을 맺으며 성장한다.

1998년부터 워킹홀리데이 제도가 시행되면서 한국으로부터 젊은이들이 쏟아져 들어오기 시작했고, 교민 사회는 저렴한 노동력을 외국인 노동자에서 한국인 워킹들로 교체하게 된다. 한국에서의 청년 실업과 경기 침체, 그리고 제한이 없는 호주 워킹홀리데이 비자 정책이 유지된다면 호주로의 이동은 계속될 것이다. 2013년 9월 기준 호주의 교민은 시민권자가 4만여 명, 영주권자가 6만여 명이다. 유학생이 1만6천 명이며, 워킹홀리데이가 매년 3만 명씩 유입되고 있다. 교회는 이제 새로운 유동 인구인 워킹들을 받아들일 준비를 해야 했지만, 그들의 고용주인 교민 사회를 외면할 수 없었다. 교회는 '침묵'을 선택했다.

워킹을 온 대학생들이 농장에서 차를 몰고 나갔다가 사고로 사망했다는 뉴스가 보도되던 그 주에도 한인 교회에서는 "하나님이 주시는 복"에 대한 설교가 있었다. 워킹은 호주에서 분명히 살고 있지만 마치 없는 사람 같았다.

한국의 호주 이민은 1973년 호주에서 백호주의가 공식적으로 철폐된 이후 시작되었다. 1970년대 초기에는 베트남·중동·라틴아메리카 등지에 있던 한인들이 방문자 비자로 호주에 입국했다. 이들은 비자 유효기간이 지나 불법 체류자가 되었으나 호주 정부가 1976년 사면령을 발표해 한국인 5백여 명이 영주권을 얻어 정착했다. 이후 호주로의 이민이 점차 증가했는데, 한국에서 호주로 바로 건너가기보다는 인도네시아나 싱가포르·이란·독일 등지에 머물던 이들이 호주에 방문자 비자로 입국한 후 시민권이나 영주권을 얻어 정착하는 경로를 밟았다. 이들은 단독으로 이주한 뒤 초청 등을 통해 가족과 재결합했으며 한인 사업 지구를 조성했다. 이들을 '구(舊)이민자(구교포)'라고 부른다.

이후 1980년대부터 오늘날까지의 이민자들을 '신교포'라고 하는데, 주로 일반 이민(기술·취업 이민 등) 및 사업 이민이라 할 수 있다. 기술·취업 이민 집단은 20~30대 등 젊은 나이에 이주를 시작하며 상대적으로 고학력자라는 점이 특징이다. 1990년대 중반쯤부터는 세계적인 경기 침체와 더불어 경제 이민이 쇠퇴하고 있다.

호주에서 한인들은 소규모 개인 사업을 하는 경우가 많다. 언어 소통의 어려움과, 출신국에서 취득한 자격이 호주에서 인정받을 수 없는 경우가 많아 정규 직장에 취직하기가 어렵기 때문이다. 한국인 이민자들의 직업은 이민 시기와 밀접한 관련이 있는데, 1970년대 호주 경제가 호황일 때 이민을 온 이들은 용접, 세차, 접시 닦기, 청소 등 육

68

체노동을 통해 돈을 모아 소규모 창업을 했다. 1980년대 중반의 기술 이민자들이 이민할 당시는 호주 경제가 불경기였다. 이들은 전문직에 종사할 수 있는 능력을 가졌지만 그 능력을 발휘할 수 있는 직장에 취업한 사람은 소수였고, 나머지는 소규모 개인 사업을 하는 경우가 많다. 반면 1990년대 이민을 온 투자 이민자들의 경우 개인 사업을 하는 비율이 상대적으로 낮다.

한인 이민자들은 한국인 관광객을 대상으로 하는 사업, 특히 자본이 많이 필요하지 않고 상품 회전율이 높은 잡화점이나 식료품점 운영 등에 집중되어 있다. 따라서 사업장이 한인 집중 거주지에 몰려 있다. 시장이나 사업체 규모가 작다 보니 경쟁은 치열하고 이익은 적다. 한국인 소비자에게 크게 의존하므로 경제 위기 등으로 한국인 유학생이나 관광객이 줄면 경제활동이 위축되기도 한다. 호주 한인들의 경제는 한국으로부터 유입되는 이들과 매우 깊은 연관성이 있는 것이다.

한국인은 뉴사우스웨일스 주에 집중적으로 거주하고 있다. 호주에는 시민권자가 4만여 명, 영주권자가 6만여 명, 1만6천여 명의 유학생, 그리고 3만여 명의 워킹이 있다. 유학생과 워킹을 단기 체류자로 분류한다면, 호주의 한인 사회는 10만여 명의 정주민과 5만여 명의 단기 체류자가 함께 살아가고 있는 것이다.

2장

도시의 섬:
일하며 살아간다는 것

참을성 없는
워킹?

교민이었던 주인아주머니는 워킹들이 끈기가 없어서 일을 금방 그만둔다고 말하곤 했다. 면접을 볼 때도 업주들은 금방 옮기지 않을 것인지를 늘 물었다. 일부 참을성 없는 워킹들에게 나쁜 인상을 받았기 때문이라고 처음에는 생각했다. 나는 성실하게 일하는 건 자신 있었다. 한국에서는 아르바이트 하나도 몇 년씩 했었기 때문에 일을 자주 옮기지 말고 열심히 해보자고 다짐했다. 그러나 바로 내가, 호주에 간 첫 한 달 동안 일을 세 군데나 옮겨 다녔다.

처음 일했던 곳은 차이나타운 안에 있는 푸드 코트의 한국식 중식당이다. 차이나타운은 시드니의 관광 명소이다. 시드니에 도착해 시내 구경을 하다가 놀러 가 본 적이 있다. 전반적으로 조용한 호주와 달리 와자한 분위기가 있어 좋아했던 곳이었다. 차이나타운 안의 식당에 일자리가 났다는 공고를 보고 가게를 찾아갔다. 겨울이 되기 전 늦가을이라 비가 자주 왔다. 면접을 가는 날도 비가 오기 시작했다. 차이나타운의 붉은 벽돌과 회색 비가 어우러진 길을 따라서 양쪽에 건물과 식당가들이 들어서 있었다. 가을비라 밖은 추웠는데 건물 안은 습하고 더웠다. 내가 찾는 식당은 낮은 5층짜리 건물의 지하 1층에 있었다.

누런색 건물의 입구로 들어가 좁은 계단을 따라 지하로 내려갔다. 식당에 가까워질수록 사람들의 목소리가 크게 들렸다. 땀내와 음식 냄새, 그리고 알아들을 수 없는 중국어가 섞였다. 중앙엔 넓은 식탁이 모여 있고 사방을 둘러 가며 정사각형의 가게들이 있었다. 마치 레고 블록으로 만들어 놓은 부스 같았다. 주방 안에서 일하는 사람은 두 명 혹은 세 명이었다. 그리고 모든 가게의 입구에는 자기 가게에서 밥을 먹고 가라면서 인사를 하고 손짓을 하는 사람들이 서있었다. 이들은 호객 행위도 하고 음식이 나오면 찾아가라고 소리를 질렀다. 따로 대기 번호표나 번호가 뜨는 전광판이 없었기 때문이다.

사방이 중국어 간판들이었는데 딱 한군데 한국어가 함께 써있었다. 내가 면접을 봐야 하는 식당이다. 이름은 단순하게 'Korean Chinese Restaurant.' 얼굴이 새하얀 사장님은 서른한 살인데 20대 때 혼자서 호주에 왔다고 했다. 입구가 좁아서 배를 쏙 집어넣고 가게 안으로 들어갔다. 좁은 곳인데도 업소용 가스레인지와 중국집에서 쓰는 무쇠 솥이 있고, 재료와 그릇 등이 오밀조밀 들어가 있었다. 바닥에 미끄러지지 말라고 종이상자를 깔아 놨는데 때가 타서 까맣다.

"혹시 안경 벗고는 일 못하나요?"

"눈이 나빠서, 벗으면 잘 안 보여요."

"우리는 안경 쓰면 안 되는데……."

'여자가 안경 쓰는 것을 좋아하지 않나. 아직도 이런 편견을 가지고 있다니!' 처음에는 그렇게 생각했다. 하지만 왜 안경을 쓰면 안 되는지 곧 이해가 되었다. 음식이 철판 그릇에 나오는데, 그 위에 참기름을 뿌리면 연기가 올라와 안경이 뿌옇게 되어 앞이 보이지 않았다. 주방에서 그릇을 들고 나와 입구에서 손님을 찾아 전달해야 하는데, 연기 때문에 눈을 뜰 수가 없었다. 진짜로 안경을 쓰면 안 되었다.

첫날부터 바로 일을 시작했다. 주방은 좁아서 바로 등을 맞대고 일했다. 주방에서는 사장님이 음식을 만들고, 나는 음식이 나오면 참기름을 뿌리고 밑반찬을 쟁반에 준비했다. 그리고 나서 종을 흔들면서 소리를 질러 주문한 사람을 찾았다. 주문 번호를 불러도 되지만, 나온 음식의 이름을 한 번 더 말해 주면 홍보가 되리라는 사장님의 지론에 따라 번호와 음식 이름을 외치면서 손님을 찾았다. 문제는 모든 푸드 코트의 식당들이 같은 방식으로 손님을 찾기 때문에 소리를 크게 질러야 했다는 것이다. 이미 일하고 있던 사람은 목이 적당히 쉬어서 목소리가 걸걸하고 아주 컸다. 사장님은 내 소리가 크지 않아서 걱정을 했다.

"여기에 한국 식당은 하나밖에 없거든. 여기서 계속 장사하려면 열심히 해야 돼. 그냥 서있기만 하면 사람들이 안 오니까 손님들 오면 눈도 마주치고 웃고 계속 인사도 하고 불러야 해."

웃으면서 손님을 부르는 일에 적응이 잘 안 돼서 쭈뼛거리고 있으니 계속 일했던 사람이 위로를 해주었다.

"금방 적응할 거야. 조금만 연습하면 다들 잘하거든."

식당가는 더웠다. 작게 말하는 소리는 하나도 안 들렸다. 자연스럽게 목소리가 커졌다. 얼마 지나지 않아 나도 소리를 잘 지를 수 있게 되었다. 다른 가게 사람들을 보니 땀을 흘리면서도 열심히 손님을 불렀다. 나도 힘을 내야지 하는 마음에 억지로 웃으면서 지나가는 사람에게 인사를 했다. 이리 오라고 손짓도 해보았다. "헬로!"Hello나 "하우 아 유!"How are you를 이렇게 집중적으로 연습한 것은 처음이었다. 유심히 살펴보니 여기는 여행객들이 오는 곳이 아니었다. 중국계 현지인들이 많았고, 큰 배낭을 멘 사람도 있었는데 여행자보다는 워킹에 가까워 보였다. 그중에서도 한국에서 온 워킹들은 한눈에 알아볼 수 있었다. 한국인 워킹이 오면 나는 반찬을 더 많이 주었다.

식당은 식사 시간이 제일 바쁘고, 그 사이에는 다음 장사를 위해 부재료를 준비한다. 준비 시간에는 양파를 깠다. 중식당에서는 양파를 많이 쓴다. 작은 아이 키만 한 양파 자루를 가져다 놓고 사장님이 시범을 보여 주었다. 날이 큰 중국식 칼로 요리사처럼 빠른 속도로 양파를 다졌다. 핵심은 칼을 움켜쥐지 않는 것. 칼이 움직일 공간을 둔 뒤에 손목에 힘을 빼고 손목을 움직이면 칼이 손 안에서 저절로 움직이면서 착!착!착! 양파가 썰린다. 일반 주방에서 쓰는 칼이 아니라 중국식 큰 칼이라서 무겁기 때문에 살짝만 흔들어도 양파가 잘라졌다. 그런데 나는 양파가 산산조각이 나고 주변으로 튀고, 손가락도 몇 번 다칠 뻔 했다. 목장갑을 끼어도 손가락이 남아날 것 같지 않았다. 칼 다루는 법을 배우고, 양파를 다듬으면서 반나절의 첫날 근무를 끝냈다.

집으로 돌아가는 트레인 안에서 생각이 복잡해졌다. 일을 계속할 수 있을지 자신이 없었다. 일의 장점과 단점을 차분하게 나열해 보았다. 이 일은 손가락을 베일 위험이 크고, 좁은 주방과 열기 때문에 늘 더우며, 뜨거운 음식과 기름 때문에 연기가 많고, 호객 행위도 해야 한다. 하지만 장점으로는 시간당 9달러를 주며, 밥도 먹을 수 있고, 보증금 없이 매주 주급을 준다. 물도 마실 수 있고, 사장님과 두 사람이 일하기 때문에 중간에 화장실도 갈 수 있다.

방세를 낼 돈이 필요하니 일을 해야 한다는 것은 알고 있었지만, 한 달 안에 손가락 하나가 없어질 것 같아서 이곳의 일은 하지 않기로 했다. 그렇게 결정하기까지 혹시 내 기준이 너무 높은 것은 아닌지 한참을 망설였다. 아직 배가 덜 고픈 게 아닐까 하면서. 돌아오는 지하철에서 1970~80년대 우리 부모님 세대의 서울 생활에 대해 생각했고, 이렇게 도시의 거대함과 외로움 속에 밤마다 숙소로 돌아갔을지도 모를 그분들에 대해 생각했다.

그런 감상적인 생각을 잠깐 하다가도 집에 돌아오니 피곤해서 금세 잠이 들었고 한참 자고 일어났더니 아무 생각이 들지 않았다. 워킹의 자세는 바로 이런 것이라고 생각하면서 가게에 전화를 해서 일을 못하겠다고 했다. 급여는 시간당 5달러로 계산해서 받았다.

근무 중에는
화장실 금지

                         "정진아니? 여기 주스 숍인데 오늘부터
나올 수 있지? 6시까지 나와."

매일매일 면접을 보았기 때문에 어디에 언제 지원했는지도 가물가
물했다. 다시 구인 공고를 검색해 보고 나서야 기억이 났다. 연락이 온
곳은 킹스크로스 역에 있는 생과일주스 가게다. 면접 본 지 일주일도 넘
어서 온 연락이었다.

킹스크로스는 처음 시드니에 와서 머물렀던 곳으로 유흥가 근처에
있었다. 밤에는 좀 무서웠지만 주스 가게라면 사람들을 많이 만날 수 있
기 때문에 주방 일보다는 나으리라 생각하고 지원했다. 면접을 볼 때 유
일하게 내게 반말을 하지 않아서 기억에 남는 곳이기도 했다. 그러나 면
접은 면접. 고용되고 나니 바로 반말이 시작되었다.

주스 가게는 같은 지역에 두 개의 지점을 가지고 있었다. 출근하자마

자 인사는 생략하고 지점 한 곳에 배치되었다. 하나는 대형 쇼핑센터 안에 있었고 하나는 지하철역 입구에 작게 붙어 있었는데 나는 작은 곳이었다. 쇼핑센터 안의 큰 가게는 사장과 매니저가 함께 일했고, 지하철역에 있는 작은 가게는 직원 한 명만 일했다. 작은 지점은 사장이나 매니저가 없으므로 눈치를 덜 보고 일할 수 있었다.

가게는 작아서 사람 한 명이 들어가면 꽉 찼다. 원래 일하던 워킹이 내게 앞치마 하나와 칼을 주었다. 과일주스 집에서 왜 칼부터 줄까? 그이유는 주스 집의 주요 업무가 과일을 깎는 일이기 때문이었다. 주스는 기계가 만드니 깎아 놓은 과일을 넣기만 하면 된다. 하루 중 대부분은 재료를 다듬는 일, 즉 껍질을 잘라서 주스 기계에 들어갈 수 있을 정도의 크기로 잘라 놓는 일을 했다. 작은 사과부터 파인애플, 수박까지 종류도 여러 가지다.

과일은 종류마다 다듬는 방식이 달랐다. 오렌지는 사과를 깎듯이 한손으로 돌리면서 다른 손으로 깎는데 반드시 각이 보여야 한다. 각은 정확하게 세 개. 모든 과일은 각자 다듬는 규칙이 있다. 과일의 종류가 많아 처음에는 헷갈렸다. 자르는 횟수와 방향, 그리고 파인애플처럼 심이 있는 과일은 심을 어떻게 제거하는지도 주의 깊게 외워야 한다. 한 치의 오차도 없이 과일은 그 방식으로 진열대에 정렬되어야 했다.

처음에는 파인애플을 육각형으로 자를지 오각형으로 자를지가 그렇게 중요한 문제인지 몰랐다. 첫날이므로 긴장하며 적당한 크기로 과일을 다듬고 있는데 처음 보는 아저씨가 갑자기 걸어와서는 내게 소리를 질렀다.

"이렇게 잘라서 어디 팔리겠어? 어느 동네에서 과일을 이따위로 잘라!"

그는 왁스를 발라 머리를 모두 뒤로 넘겼고, 살색 상의를 입고 바지를 추어 입는 배 바지 스타일을 즐겨 입었다. 키는 크지 않고 아랫배가 나왔는데 그가 소리를 지를 때면 항상 그 배에 눈이 갔다. 그는 손님에게는 매우 상냥했으나 직원에게 면박을 잘 주었고 배를 항상 당당하게 내밀고 다니는 사람이었다. 그 남자가 주스 가게의 매니저였다.

"야! 공책에 누가 글씨를 이렇게 크게 쓰냐. 이래서 시집이나 가겠어?"

매니저가 판매량을 기록하는 공책이 빨리 닳아 없어지는 것이 아까웠던 모양이다. 시집을 잘 가려면 글씨를 작게 써야 한다는 사실을 처음 알았다.

하루에 오렌지 두세 상자, 수박 네다섯 통, 파인애플 한 상자, 그리고 나머지 과일을 다듬었다. 그러다 보면 시간이 잘 갔다. 일이 많아서 시간이 잘 가는 것을 워킹들은 가게의 '장점'이라고 한다. 어찌되었든 시간은 잘 가니까.

이 가게에서 일하면서 가장 주의해야 할 점은 무엇일까? 처음에는 밤거리라고 생각했다. 킹스크로스는 유흥가가 인접해 있기 때문에 밤이 되면 술 취한 사람, 마약을 한 사람이 많아지기 때문이다. 그런데 같이 일했던 친구 말로는 그런 사람들은 신경 쓰지 않으면 그뿐, 그리 위험하지 않다고 했다. 치근덕거리는 사람들이 있지만 심하면 경찰을 부르면 된다고 말이다. 정말 문제가 되는 것은 '화장실'이다. 가게 안에는 화장실이 없다. 화장실은 지하철 역 안에 있는데 화장실을 가려면 가게를 비워야 한다. 가게에는 직원이 한 사람밖에 없으므로 가게를 비울 수가 없었다. 셔터를 내리려면 모든 매대를 정리해야 하니 그럴 수도 없는 노릇이다. 내게 일을 가르쳐 주던 스텔라(가게 직원은 모두 한국인이지만 영어 이름만 사용한다)에게 "아니, 그럼 화장실은 어떻게 가나요?" 물었더니 이렇게 대답했다.

"저는 여기 6개월 일하면서, 화장실 안 갔어요."

화장실을 가지 않았다는 이야기는 처음에는 놀라웠지만, 워킹이라면 자주 겪는 일이다. 같이 하숙을 하던 친구의 가게에는 "근무 중 소변만 가능, 대변은 금지" 팻말이 붙어 있기도 했다. 게다가 소변도 너무 자주 보면 경고였다! 이후 직원들은 화장실에 갈 때마다 자신은 대변이 아니라는 것을 꼭 알린 후 최대한 빠른 시간에 다녀왔다고 한다. 친구는 변비에 걸릴 뻔 했다고 했다.

화장실을 가지 않는다는 규칙 외에도, 여기서는 이름을 영어로만 불러야 한다는 규칙도 있었다. 어차피 다 한국 사람들이고 한국말로 일하는데 왜 이름만 영어로 써야 하느냐고 질문했더니 일을 가르쳐주던 직원 '스텔라'가 귀띔을 해주었다. 사장님이 영어 쓰는 걸 좋아한다고. 콧소리를 섞어 늘 "스텔라"를 부르시던 사장님은 나 역시 그냥 "진아"라고 하기가 좀 그랬던지 "너는 영어 이름 없니?" 하고 물었다. 나는 발음이 어렵지 않아서 '진아'를 그냥 쓴다고 했는데 그래도 굳이 '진아'라고 부르지 않고 '쥐나~'라고 하셨다. 사장님의 콧소리 섞인 '쥐나'에 하도 웃음이 나와서 "설거지 좀 하겠습니다." 하고는 개수대에 얼굴을 폭 파묻고 몰래 웃었다. 일을 시작하고 두 번째 날 저녁이었다.

그 다음날 선임인 '스텔라'가 내게 내일은 출근하지 말고 사장님이 전화할 때까지 대기하라고 했다. 시간표를 재배치한 후 다시 연락을 주겠다고 했다. 그런데 전화가 오지 않았다. 일주일을 기다리다 사장에게 전화를 했더니, 사장은 아예 나를 고용했던 사실을 잊어버리고 있었다.

"사정이야 어찌되었든 지금 그 자리에 다른 애들이 일하고 있으니 너를 다시 뽑을 수는 없고, 와서 이틀 일한 돈이나 받아 가."

좀 굴러 본
사람이 필요한데

시티에서 일을 구하는 데 두 번이나 실패했기 때문에 이번에는 다른 지역에서 구해 보기로 했다. 길이 멀었지만 시드니 시내와 한인 타운을 벗어나서 다른 생활을 해보고 싶었기 때문이다. 혼스비Hornsby는 시드니 북쪽이고 시티와는 트레인으로 40분 정도 떨어져 있다. 역에서 내려 가게로 가는 길가에 핀 작은 꽃이며 새소리를 들으니 마음이 가벼워졌다. 시드니는 시내나 슈퍼마켓이나 도서관 등이 몰려 있는 지하철역 인근을 벗어나면 숲과 나무가 많고 그 사이사이에 주택이 있다. 나는 햄버거 집에서 일하게 되었다. 인근의 작은 공장에서 일하는 사람들이 점심을 먹으러 오는 곳이다. 햄버거뿐만 아니라 샌드위치도 함께 팔았는데, 이런 빵 종류가 호주 사람들에게는 주식이니까 한국으로 치면 이 가게는 동네 백반 집인 셈이다. 혼스비는 역에서 내려 10분만 걸어도 동네 할머니들이 산책을 다니고 잡풀이 무성한 동네 놀이터가 나왔다. 그리고 시티와는 달리 동양인들이 적었다. 정말로 외국에 왔구나 하는 기분이 들었다. 차이나타운의 식당도, 매일 보러 다니던 면접도, 주스 가게에서 받던 타박도 모두 까마득한 일로 느껴졌다.

사장님 부부는 한국에서 호주로 이민 온 지 얼마 안 된 초보 교민이었다. 지금까지 보아 온 시티의 한인 교민들 같지 않게 따뜻했다. 그리고 텃세 없이 친절하게 일을 가르쳐 준 아르바이트생 언니 덕분에 적응은 어렵지 않았다. 음식을 주문하지 않더라도 동네 사람들이 가게 안에 들어와 농담도 하고 수다도 떨고 갔다. 그런 모습을 보니 좋은 일자리를 구했다는 확신이 들었다.

물론 평화로운 모습만 있었던 것은 아니다. 그래도 식당은 식당, 메뉴 종류가 엄청나게 많았다. 공식적인 메뉴는 햄버거와 샌드위치였는데, 기본적으로 햄버거가 다섯 종류, 샌드위치가 일곱 종류였지만 사람들은 개의치 않고 식성대로 주문을 했다. 그리고 감자튀김과 호주식 피시앤칩스, 몇 가지 디저트, 음료, 게다가 한식으로 밥과 불고기도 있고 일식 우동 같은 종류도 있었다. 튀김도 종류별로 있어서 어떤 사람들은 햄버거에 고기 패티 대신 튀김을 넣기도 했다. 동시에 주문이 세 개만 들어와도 머리가 터질 것 같았다. 문제는 일의 분담인데, 남자 사장님은 배달을 하고 여자 사장님은 주문을 받으니 음식을 나 혼자 만들어야 했다. 그동안 음식을 만들었던 언니가 너무 유능해서 이 일을 다 해냈다고 했다.

가게도 평화롭고 손님도 평화롭지만 나는 혼자 땀이 삐질 삐질 났다. 점심시간이면 손님이 몰려오고, 그 사이 빵이 타고, 패티가 부서지며, 샌

드위치는 자르지 않은 채로 나가고, 손님이 인상을 찌푸리고. 샌드위치에 소금과 후추도 뿌려야 하는데 소금을 넣으면 후추를 빼먹고, 후추를 뿌리다 보면 빵 자르는 것을 잊어버리고. 어떤 것은 장갑을 껴야 하고 어떤 것은 장갑을 벗고 해야 하는데 손이 꼬이니 뭐가 뭔지 모르겠다. 빵을 구워야 하는데 손가락을 구워서 손가락에는 밴드가 하나 붙었다. 빵 굽는 기계도 두 종류가 있었다.

그렇지만 조금이라도 돈을 버는 생활 속에서 나는 안정을 찾아 갔다. 일이 끝나고 나면 혼스비 도서관에 가서 신문도 읽고 책도 빌려 보았다. 그리고 매일매일 일기를 쓰기 시작했다. 혼스비 햄버거 집에서 일하기 위해서는 마을 사람들과 대화를 많이 해봐야겠다는 생각에 영어 공부도 시작했다. 일상을 회복한다는 것이 즐거웠다. 동네 사람들은 처음 온 알바생인 내게도 관심이 많았다. 밤마다 열심히 메뉴를 외웠다. 사장님 부부가 남은 음식을 싸주어 식비도 덜 들었다.

일한 지 2주쯤 되자 지하철에서 가게까지 걷는 30분이 익숙해졌고, 내 자신의 실수에도 조금 관대해졌으며, 통장 잔고가 떨어지는 속도도 느려졌다. 인수인계를 해주던 언니가 당장 그만둔다면 몇 주는 좀 힘들겠지만 그 이후부터는 잘 할 수 있을 것 같았다. 매일 신나게 출근을 했다. 그리고 주방에서의 실수가 미안할 때면 제일 잘할 수 있는 일, 가게 유리창을 닦았다. 유리를 닦을 때는 곧잘 칭찬을 받았다.

3주가 지나고 그날도 마무리 창 닦기를 하고 있었다. 이상하게 그날 따라 "이젠 잘 닦네." 하는 칭찬의 끝이 약간 내려갔다. 이 유리창 닦기가 끝나면 무슨 일이라도 일어날 것 같은 느낌. 아니나 다를까, 일이 끝나자 사장님이 잠시 자리에 앉으라고 했다.

앞치마를 벗고 쭈뼛거리면서 의자로 가는 그 짧은 순간 머릿속에 예상 가능한 시나리오들이 펼쳐졌다. '자, 오늘까지만 일해라.'라고 하면 괜찮은 척해야지, 아무렇지도 않은 척해야지. 그런데 정말 그렇게 되면 어떻게 하지.

"아무래도 식당 일도 좀 해보고 이리저리 굴러 본 아이들이 더 나을

듯하다. 우리 입장에서는 손이 빨라야 하는데 이런 일이 처음이라 너는 우리 가게에는 어울리지 않을 것 같다."

그리고 계산한 임금을 봉투에 넣어 주었다. 처음 2주는 시간당 5달러, 그리고 그다음부터는 9달러씩 총 3주 동안의 임금이었다. 멍하게 돈을 받았다. 옷을 벗을 정신도 없어 유니폼을 그대로 입은 채 가게를 나왔다. 지하철역에 거의 다 와서야 정신이 번뜩 났다. 다시 일을 구해야 한다. 생활비는 얼마나 남았지? 방세는 또 언제 내야 하지? 밥값은? 차비는?

역 근처 피시방으로 들어가 구인광고 목록을 뒤졌다. 호주인이 운영하는 가게 몇 군데에 전화를 걸었다. 모두 거절이다. 이미 사람을 모두 구했다는 것이다. 네 번째 거절을 당하자 참을 수 없는 기분이 되었다. 조금 후에 다시 전화를 했다. 왜 나는 안 되느냐고 물었다. 그가 뭐라 뭐라고 대답했지만 전화로 하는 빠른 호주 영어는 알아듣기가 힘들었다. 그쪽에서 전화를 끊었다. 물이 떨어지는 소리 때문에 전화기 너머의 소리는 더욱 알아듣기 어려웠다. 또다시 전화를 했다. 아까 전화했던 그 사람인데 왜 외국인은 안 되느냐고. 서빙하는 데 무슨 영어가 그렇게 많이 필요하냐고. 그가 좋은 말로 거절을 하지만 귀에 들어오지는 않았다.

초밥 집에서,
나는 일본인

다시 얼마간 면접을 보러 다녔고 초밥 가게에 취직했다. 숙소에서 걸어서 출근할 수 있었고 보증금 없이 2주에 한 번씩 주급을 주는 가게였다. 이 가게는 쇼핑센터 안의 푸드 코트에 있었는데, 일식 도시락과 몇 가지 튀김이나 볶음 면류를 취급했다. 쇼핑센터는 10시에 문을 열었다. 호주는 한국처럼 이른 새벽부터 장사를 하거나 24시간 영업을 하는 곳이 드물었다. 훨씬 여유롭게 사는 나라였다.

그러나 첫 출근은 7시 10분까지였다. 출근하는 길에는 해가 아직 뜨지 않았다. 아직 출근 시간대가 아니라 길이 조용한데 쇼핑센터 근처에는 사람들이 많았다. 모두 쇼핑센터로 출근하는 사람들이다. 10시부터 음식 장사를 하려면 늦어도 7시부터는 준비해야 했다.

가게는 쇼핑센터 1층에 큰 지점이 있고, 같은 건물 4층에 작은 지점이 있었다. 체인점이라서 다른 지역에도 이 식당이 많다고 했다. 면접을

볼 때 1층에 일하는 사람이 여러 명 있었기 때문에 기존에 일하던 사람들과 인사를 시켜 줄 것이라고 생각했다. 그러나 내 교육을 담당한 직원은 내가 출근하자마자 인사도 없이 창고로 데리고 갔다.

창고는 다용도였다. 직원들의 소지품도 넣어 두고, 탈의실로도 쓰고, 식재료도 넣어 두었다. 천장이 낮고 좁아서 발 디딜 틈도 없었지만 그 안에 들어가서 옷을 갈아입었다. 일본어가 써있는 빨간색 티셔츠인데 가게 로고가 박혀 있었다. 옷을 입자마자 가져온 수레에 그날 장사에 쓸 재료를 담았다. 나를 가르쳐주는 사람은 인사도, 통성명도 없이 부은 눈으로 "쌀 담고, 식초 담고, 연어 담고, 김 세 꾸러미, 오이, 아보카도!" 하면서 재료 이름을 줄줄 말했다. 나는 얼른 수첩에 받아 적었다. 각 재료가 어느 위치에 있는지도 외웠다. 그는 말하면서 재료들을 수레에 넣었다. 쌀을 왜 25킬로나 가져가는지 궁금했으나, 하루 만에 답을 알 수 있었다. 정말 하루 만에 그 많은 쌀로 다 김밥을 만들었다.

수레에 재료를 담고 나서 직원용 엘리베이터를 타고 4층으로 이동했다. 손님용과 달리 허름하고 더러웠다. 4층에 내려 가게로 가서 재료를 통에 정리해 담았다. 쌀을 흘리지 않고 잘 옮기는 것이 가장 힘들었다. 작업대 위에 도마와 칼, 김발을 준비하면 김밥을 쌀 준비가 끝난다. 내

역할은 '롤 담당'. 이곳에서는 '스시 롤'이라고 불렀다. 김 위에 흰 밥을 얹고 내용물을 넣어 싸는 것은 한국식 김밥과 비슷하지만 밥에 식초로 간을 하고 연어나 오이, 참치 같은 재료를 넣는 게 다르다.

일은 정확한 시간에 시작해야 밀리지 않는다. 7시 30분에 가게 도착, 8시부터 롤을 말면 11시에 마칠 수 있다. 능숙한 사람을 기준으로 말이다.

우선 보통 김밥의 두 배쯤 두꺼운 김밥을 만다. 두꺼운 것들은 옆구리가 잘 터지므로 살살 말아야 한다. 종류가 4개이므로 종류당 5줄씩 총 20줄을 만다. 모두 썰어서 일회용 도시락 팩에 넣는다. 그 다음에는 일반 김밥 크기로, 연어·참치·날치알·치킨 롤을 25줄씩 말았다. 1백 줄을 말면 11시가 된다. 처음에는 11시를 맞추지 못한 적이 많았다.

11시부터는 스페셜 김밥을 마는데 부재료 준비가 복잡해서 속도가 잘 나지 않았다. 스페셜 김밥은 크래미나 소고기 같은 재료를 넣으며 종류당 3줄씩 만든다. 종류가 10개니까 30줄을 만들었다. 여기까지 하면 12시 반이 되는데 그동안 쉬는 시간이 없었다. 그래서 이 롤을 다 말면 쉬는 시간이 있는 줄 알았으나, 음식 장사는 11시부터 2시가 가장 바쁘다. 11시부터 음식이 팔려 나가 12시 30분이면 벌써 오전에 말아 둔 롤이 떨어졌다. 그러니 다시 기본 김밥인 연어·참치·날치알·치킨 롤을 말았다.

2시 반이 넘으면 손님이 덜 온다. 그러면 남은 개수를 확인한 다음, 그날 저녁까지 팔 롤을 다시 말아 둔다. 나는 퇴근이 4시 전후이지만 장사는 저녁 5시까지 하므로 넉넉하게 말아야 한다. 몇 개를 더 말지는 판매 담당이 일러 주었다. 마는 개수에 따라서 퇴근 시간은 달라졌다. 김밥

말기는 3시 30분을 전후로 마치고, 남은 재료를 정리하고 그릇을 설거지하면 일이 끝난다. 김밥을 말기 위한 밥도 계속 안에서 지어야 하므로 대형 밥통도 잘 닦아 둔다.

출근해서 퇴근 시간까지 쉬는 시간이 없었다. 화장실 가는 시간이 유일한 휴식 시간이라 잠깐씩 앉아 있다 왔다. 밥 먹는 시간도 없었다. 배가 고파서 몰래 김밥을 작게 말아 먹었다. 마실 물을 따로 두지 않아 집에서 물을 가져오거나, 급하면 판매하는 식수를 몰래 꺼내 마셨다. 가게의 모든 물건은 손님을 위해서만 존재했다.

일은 바빴지만 복잡하지는 않았다. 끊임없이 김밥을 말면 되기 때문이다. 많은 메뉴를 능숙하게 만들지 못해서 '잘린' 경험이 있었던 나로서는 단순한 것이 좋다고 생각했다. 머리를 많이 쓰지 않아도 되니까 김밥을 말면서 이것저것 생각도 많이 할 수 있으려니 했다. 하지만 하루 종일 같은 행동을 반복하니 아무 생각이 들지 않았다. 다리 아프다, 쉬고 싶다 정도였다.

여기는 오래 일하는 사람이 없었다. 이 쇼핑센터에서 일하는 직원은 열 명 가량이었는데, 석 달 넘게 일한 사람은 손에 꼽았다. 사람이 계속 바뀌는데 가게는 문제없이 잘 돌아갔다. 작은 일이라도 담당이 나뉘어 있어 도시락 하나를 만드는 데 한 사람은 포장만 하고, 한 사람은 재료만 준비하고, 한 사람은 김밥만 말고, 나머지 사람들은 판매만 했다. 사람이 바뀌는 건 문제가 안 되지만 손이 느린 건 문제가 됐다. 한 곳에서 속도가 느려지면 전체 일이 느려지기 때문이다. 처음에는 손이 느려 눈치를 보는 것이 나뿐이라고 생각했지만, 다들 이 속도를 맞추느라 고생 중이었다. 단순 반복과 긴장감은 도시락을 빨리 만들 수 있게 해주었지만 사람을 지치게 했다.

각자가 맡은 일과 일하는 장소가 지정되어 있었다. 1층 담당, 2층 담당, 그리고 그 사이에서 재료를 나르는 담당. 일하는 사람들끼리 대화도 없었다. 음식은 여자가 만들고 배달은 남자가 했다. 그리고 남자의 시급이 조금 높은데, 사람들 말로는 무거운 걸 들기 때문이라고 했다. 가게 안에서는 서로 이름을 묻는다거나 대화하는 일이 없었다. 서로를 부를 때 이름이 아니라 맡은 분야로 불렀다. 롤 담당, 판매 담당 등의 직위만 존재하는 것이다. 그래서 사람이 바뀌어도 새로 이름을 외울 필요가 없었다.

일을 하는 동안 시간은 느리게 가는데 하루는 빨리 갔다. 1분마다 같은 동작을 9시간 동안 반복했다. 오래 서서 일하면 다리가 붓는다. 호주 워킹을 준비한다면 압박 스타킹을, 그리고 앉았다 일어서기를 반복하는 일을 대비해 무릎 보호대와 발목 보호대를 가져가라고 말하고 싶다. 손목 보호대는 기본이다. 손발이 심하게 부으면 아침에 잘 움직이지 않을 때가 있는데 당황하지 말고 따뜻한 물에 잠시 담그면 다시 움직인다.

다시 일터 이야기를 하자면, 김밥을 마는 곳이 주방 밖에 있어서 손님들은 내가 일하는 것을 다 볼 수 있었다. 가게 이름도 일본어이고, 유니폼에도 일본어가 써있는데 일하는 사람들은 모두 한국 사람이다. 우스갯소리로 시드니의 일본식 음식점은 모두 한국인이 한다고도 했다. 가장 일찍 오는 손님들은 오전에 아이 도시락을 사러 오는 백인 학부모들이었다. 손님들은 일본식 음식은 '신선하고'fresh '몸에 좋다'healthy면서

좋아했다. 우리 가게는 음식 준비 시간을 어긴 적이 없기 때문에 학생 도
시락 주문이 많았다. 부모들은 고맙다며 이렇게 말했다.

"아리가토 고자이마스."

나는 모른 척하며 대답했다.

"도모."

아이 엄마는 그 나라말로 인사하는 것이 중요하다고 아이에게 가르

첬다. 그게 다른 나라에서 온 사람들을 존중하는 것이라고 말이다. 백인들은 종종 일본어나 중국어로 말을 걸곤 했다. 그리고 내가 대답을 해 주면 정말 기뻐하면서 다음에 또 오겠노라고 손을 흔들었다. 나는 그들이 일본어로 말을 걸면 일본어로, 중국어로 말을 걸면 중국어로 대답해 주었다. 어차피 그들이 할 수 있는 말은 인사말 정도였으니 말이다.

어쨌든 호주 사람들은 무례하지는 않았다. 아무리 줄이 길어도, 주문한 음식이 밀려서 늦게 나와도 그들은 웃으면서 기다렸다. 그리고 늘 감사하다고 말했다. 음식뿐만 아니라 오늘은 좋아 보인다, 좋은 하루를 보내라, 요즘에는 잘 지내고 있느냐 하는 다정한 말도 자주 했다. 영어는 인사말이 참 다양하구나 생각했다. 가게에 오는 호주인 손님들은 모두 좋은 사람들이었다.

하지만 복잡한 기분이 되었다. 나는 하루 종일 음식을 만들지만 내가 먹을 밥은 없었다. 그리고 밥을 먹으려면 손님이 보지 않을 때 몰래 먹어야 하는데, 작업대가 손님들 바로 앞에 있으니 그럴 수가 없었다. 다리가 부어서 보이지 않게 무릎을 접었다 폈다 하면서도 얼굴은 웃어야 했다. 호주 사람들은 내가 밥을 먹었는지, 쉴 수 있는지, 돈은 제대로 받고 있는지에는 관심이 없었다. 마치 내가 서울에서 그랬던 것처럼.

호주는 다문화 사회이다. 아무리 작은 동네라도 동네 도서관에는 각 민족의 언어로 쓰인 책도 많고, 각 나라의 언어에 관한 교재도 많다. 게다가 지역 정부에서는 호주에 살고 있는 다른 문화권 사람들의 언어를 가르치는 수업을 아주 저렴한 가격으로 개설하고 있다. 호주에 사는 교양 있는 사람들은 한두 개 정도의 동양권 언어도 할 줄 알았다. 호주인들은 매일 길을 가면서 한국인, 일본인, 중국인이 하는 음식점, 세탁소, 옷집, 미용실, 마사지 숍을 만난다. 다문화에 대한 교육을 잘 받은 호주 사람들은 다른 문화권에서 온 사람이라고 해서 인종차별적 말을 하지도 않았고 무례하지도 않았다. 예의바르게, "고마워요"Thanks라고 말하면서 한국 식당, 중국 네일 숍에 갔다.

가게가 바쁜 시간, 활짝 웃는 백인이 다가와 "안녕?"How are you?이라고 물었다. 주문을 하기 전에 인사를 하는 것은 그들의 문화다. 나는 교과서에서 배운 대로 "좋아요, 감사합니다"Fine, thanks라고 대답했다. 주문한 음식을 내주면 그들은 "와, 신선해요!"Oh, fresh! 하며 음식에 대해 칭찬을 해주었다. 하지만 정작 그 음식을 만든 나는 배가 고팠다.

시간이 좀 지나고 나서야 나는 손님들에게 내가 중국인이나 일본인이 아니라 한국인이라고 말했다. 손님 중 절반 정도는 한국을 몰랐고, 나머지 절반은 한국에 대해 자신이 알고 있는 것들을 이야기해 주었다. 예를 들면 김치나 불고기, 월드컵 같은 것들 말이다. 그리고 그들은 다음에 가게를 방문할 때에는 "안녕하세요!"라고 인사를 하기도 했다. 그리고 자신은 한국에 대해 잘 알고 있다, 한국 음식을 좋아하고 호주에 있는 한국 사람들과 이렇게 몇 마디 나눠 보기도 했다고 말해 주었다.

그러나 어쨌든 나는 공식적으로는 '일본인'이었다. 일본어로 쓴 유니폼, 일본어로 쓴 간판 밑에서 일했기 때문이다. 호주인들은 일본인에 대해 신비감을 가지고 있다고 했다. 그래서 교민들은 일본식으로 인테리어를 했다. 사실 호주 사람들은 내가 일본어 발음이 다르다는 것도 모르니까. 호주 사람들은 "나는 일본에 대해 잘 알아요. 호주에 사는 일본 친구도 많고, 일본 음식도 좋아해요."라고 내게 말하곤 했다.

시간은 갔고, 처음에는 제대로 못 만들었다고 쓰레기통으로 들어가던 김밥이 점점 일정한 모양으로 나왔다. 일은 익숙해졌지만 몸은 나빠졌다.

일하면서
만난 사람들

시드니는 지역 도서관이 잘되어 있어서 한국어 책이 많았다. 다른 사람들의 워킹은 어떤지 궁금해서 도서관에 있는 관련 책을 모두 빌려 보았다. 책 속의 사람들은 대체로 이곳에서 자신의 진정한 꿈을 깨달았다고 했다. 나 또한 이곳 시드니에서 깨달은 것이 많긴 했다. 예를 들어 몸으로 일하는 건 그리 낭만적이지 않다는 것 말이다. 나나 내 주변의 워킹들은 그렇게 꿈과 희망으로 가득 차 보이지는 않았는데, 책을 읽다 보니 내가 실패자인가 하는 생각이 들어 글을 읽을수록 열등감이 들었다. 내게는 책보다, 주변에서 만난 진짜 워킹들이 하루하루 열심히 사는 모습이 더 자극이 되었다.

동료가 되는 법

신기하게도 가게 직원들은 사장 얼굴을 몰랐다. 가게의 운영도, 사람을 뽑는 일도 '매니저'가 했다. 정말 바쁜 어느 점심시간이었다. 눈짓만 하고 지나가던 매니저가 갑자기 내 옆으로 왔다. 뭔가 잘못했나 싶어 긴장했지만 매니저가 내게 부드럽게 말했다.

"진아 씨, 요즘 출근이 늦네."

안 늦었는데 늦었다니 억울했다. 뭐가 잘못된 걸까? 출근길을 되짚어 봤다. 아침 7시 반에 식재료 창고로 가면 매일 뒷모습만 보여 주는 1층 김밥 담당이 한 명 있었다. 인사를 몇 번 했는데 아는 척을 안 하길래 그냥 다녔는데 그 사람이 일렀나?

"출근 시간 맞춰서 나오고 있었는데요?"

"재료 창고에 7시 반까지 오는 게 아니라, 재료 챙겨서 4층 가게에 와서 일할 준비까지 마치는 게 7시 반이어야지."

재료를 나르고 준비하는 시간은 근무시간이 아니라는 이야기는 처음 들었다. 7시 반부터 시급이 계산되기 때문이다. 억울한 표정을 하는 내게, 판매 담당 언니가 핀잔을 준다.

"늦게 오면 모를 줄 알지? 1층에서 일하는 언니가 매일 확인해서 매니저님에게 다 보고하는 거야. 진아 씨 앞으로 조심해야겠다."

다음날부터는 더 상냥하게 인사를 하기로 했다. 매번 매니저에게 지적받는 것보다는 차라리 중간 관리자급인 '언니'들과 친해지는 것이 낫겠다는 판단이었다.

다음날 아침.

"안녕하세요!"

역시 답도 없고 쳐다보지도 않는다. 옆 가게의 중국 사람들이 왜 저렇게 혼잣말을 하나 싶은지 나를 쳐다봤다. 민망해서 눈이 마주친 김에 다른 가게 사람들과 인사를 했다. 그렇게 오며 가며 다른 가게 사람들과 친해졌다. 앞집 케이에프시kfc에서 일하는 인도 언니들, 옆집 카페의 아침 근무조 중국 언니, 대각선에서 일하는 타이 음식점의 인도네시아 언니들. 그런데 왜 같은 가게에서는 그게 안 되는지…….

그러던 어느 날, 아침에 지각했다는 지적을 받고 일주일쯤 지났을 때였는데 중년 여자가 선글라스를 쓰고 요란한 차림으로 매장에 들어서더니 갑자기 소리를 질렀다.

"야! 너 머릿수건 안 써!"

오전 10시쯤이었을 것이다. 10시는 쇼핑센터 개장 시간이라 손님도 많이 없었다. 출근 시간이 이르다 보니 판매 담당 언니는 머리를 못 말리고 나오는 날이 많았다. 머리가 다 마르기 전까지는 고무줄만 하고 있다가 손님들이 오기 시작하면 그때 머릿수건을 썼다. 오전 10시였으므로 아직 점심 장사를 시작하지 않았을 때였다. 평소처럼 일하다가 느닷없이 당한 삿대질. 판매 담당의 언니는 잠시 찡그린 표정을 짓다가 얼른 머릿수건을 묶었다. 처음 보는 사람에게 소리를 치던 여자가 사장이라고 했다. 호주의 한인 사장들은 왜 직원들을 '야!'라고 부를까.

주방에 들어가 밥을 짓고 있는데 사장이 들어와 자꾸 뭘 묻는다.

"얘, 설거지 할 때 쓰는 ○○세제 어딨어?"

이름도 묻지 않는다. 일하는 사람은 '야' 아니면 '얘'였다.

"여기서는 ○○세제 안 써요."

"아니, 일하면서 그런 것도 몰라? 허 참."

함께 온 자신의 친구에게 그 상표의 세제가 설거지가 잘된다고 설명해 주려고 했었나 보다. 사장은 아쉬운 얼굴로 동행과 몇 마디 말을 하다가 밖으로 나갔다. 그동안 친해지기 쉽지 않았던 판매 담당 언니에게 물었다.

"저 사람이 사장이에요?"

"그런가 봐. 언제 봤다고 반말이야. 기분 나쁘게!"

같은 가게 사람과 '동료'가 되는 순간이었다.

주방 목사님

판매 담당들은 홀에 계속 있었지만 나는 중간에 밥도 지어야 하고 설거지도 해야 해서 주방을 자주 들락거렸다. 주방에는 요리를 담당하는 분이 있었는데 다들 그냥 '아저씨'라고 불렀다. 하지만 그분의 원래 직업은 목사라고 했다. 이것저것 질문을 하니 내게 튀긴 두부나 볶은 쇠고기 등을 조금씩 남겨 주었다. 솔직히 말하자면 그렇게 맛있지는 않았다. 하지만 고맙기도 하고 배도 고파서 잘 먹었다. 무거운 쌀 포대를 대신 들어 주기도 하고, 바닥에 물기가 있으면 내가 미끄러질까 봐 자주 닦아 주었다. 그때까지도 아직 신입이라 홀에서는 다른 직원들 눈치 보며 입을 꾹 다문 채 일을 하던 때였다. 그러다가 밥을 지으러 주방에 잠시 들어가면 그때 비로소 목사님과 말을 할 수 있었다. 나는 빨리 안 나온다고 혼이 나면서도 밥해야 한다 설거지해야 한다는 핑계로 주방을 들락거렸다.

주방 목사님은 호주에 이민 온 지 5년이 지났다고 했다. 한국에서 교회를 하다가 잘 안돼서 호주에 왔는데 여기서도 교회가 어려워 지금은 아침부터 낮까지 식당에서 일을 하고, 아내는 집에서 하숙생을 받고 밥을 해준다고 했다. 주방은 가스레인지 때문에 늘 더웠는데 그 좁은 틈에서서 매일 수다를 떨었다.

"진아 씨는 한국에서 무슨 일 했어요?"

호주에서 '누구누구 씨'라는 호칭은 아주 귀하다. 항상 '야' 아니면 '너'인데 갑자기 이름을 들으니 뭉클했다. 고마워서 일부러 목사님에게 이것저것 많이 물어보았다. 다른 사람들 들으라고 일부러 '아저씨' 대신 '목사님'이라 부르고, 그분도 나를 '진아 씨'라고 불러 주었다. 한국에서 학교 다녔던 이야기, 교회 이야기, 좋아하는 성경 구절을 나누기도 했다. 목사님은 닭을 손질하다가 가끔 짬이 나면 바닥에 앉아 책을 읽었다. 냉장고 옆에는 낡은 성서 한 권이 있었다.

시간이 갈수록 나는 목사님과 친해졌다. 가게에서 마음 붙이고 대화를 나눌 수 있는 사람은 그분밖에 없었다. 어느 날은 이런 질문을 했다.

"목사님은 뭐 하고 싶으세요, 호주에서?"

목사님은 약간 망설였다. 사실 주방에서는 한 번에 5분 이상 대화할 수 없었다. 내 자리는 홀의 도마이고 자리를 비울 수 없기 때문이었다. 다시 밖에 나가서 일을 해야 했으므로 질문의 대답은 그다음에 듣기로 하고 밖에 나가 다시 김밥을 말았다. 몇 시간 후 다시 주방으로 갔을 때 목사님이 내게 말했다.

"이 나라는 교회에 안 다니는 사람이 많아요. 이슬람을 믿는 사람들도 많고요. 그 사람들은 천국에 갈 수가 없잖아요. 게다가 많이 문란하죠. 그래서 이 사람들을 모두 하나님께 데려가야 한다고 생각하고, 그런 교회를 세울 거예요."

결연한 의지가 담긴 표정이었다. 뭐라 대답할 말을 찾을 수 없어서 밥통에 얼굴을 푹 파묻고 일만 했다. 호주에서 일은 힘들었지만 다양성을 존중하는 분위기는 훌륭하다고 생각했다. 서로 다른 피부색·종교·문화를 존중하면서 함께 살아가는 모습은 정말 인상적이었다. '나와 다른 사람'을 차별하는 한국과는 달랐다. 그런데 목사님은 내가 친하게 지냈던 이웃들, 같은 동네에 살던 남미계 이민자들, 같은 층에서 일하는 타이완·중국·인도 사람들 모두 개신교를 믿지 않으니 지옥에 간다고 말하고 있는 것이다. 같은 가게에서 일했고 또 일하고 있는 많은 워킹들이 교회를 다니지 않는다고 해서 문란한 죄를 짓고 있는 걸까.

목사님은 나와 같은 믿음을 공유한 사이라고 생각했는지 그 뒤로도 잘 챙겨 주었지만, 이때부터 나는 왠지 마음이 닫혀서 목사님에게 밥 달라는 소리를 하지 않았다.

차라리
몸이 힘든 게 나아요

밥 먹는 시간이 따로 없고, 손님 앞에서는 음식을 먹으면 안 된다고 하니(그럼 언제 먹으라는 건가!) 밥을 작게 뭉쳐 놓고 아무도 안 볼 때 얼른 한 개씩 먹었다. 안 먹은 척하면서 먹기 좋기 때문이다. 들키지 않는 것이 중요한데 밥을 입에 넣는 순간 한 친구가 공손하게 인사를 했다. 입에 밥이 있어서 말도 제대로 못했는데 그 친구가 자기소개를 했다.

"잘 부탁드려요. 저 오늘부터 일해요."

"아니에요, 저도 일주일밖에 안 됐어요."

그래도 그쪽에서는 경계를 늦추지 않는다. 나는 괜히 말했나, 하는 생각이 잠깐 들었다. 인사라도 친절하게 받을 수 있었는데 말이다.

새로 온 친구 이름은 신영이었다. 신영은 곧 가게에서 나와 유일하게 친한 동료가 되었다. 신영과 나만 손이 느려서 음식이 밀리는 사람이었기 때문이다. 남들이 뭐라 해도 우리는 서로 "어제보다 1분 빨리 끝냈다."고 격려해 주면서 재미있게 지냈다.

신영은 나보다 세 살이 어렸지만 동생 같다는 느낌이 들지 않았다. 저녁 근무도 자원해서 하고, 힘든 얼굴인데도 이것저것 일을 많이 했다. 나는 주말에 쉬었지만 신영은 주말도 쉬지 않고, 목요일마다 저녁 9시까지 연장 근무도 했다.

"그렇게 일하면 힘들지 않아? 밥도 제대로 못 먹고."

"힘들죠. 힘든데, 저는 마음이 힘든 것보다 차라리 이렇게 몸이 힘든 게 훨씬 좋아요."

신영은 처음 어학연수로 호주에 왔었다고 했다. 당시 꽤 즐겁게 지내서 한국에 돌아가서도 계속 호주가 생각났단다. 한국에서 대학을 졸업했지만 취직이 어려웠고, 겨우 취직을 했는데 엉뚱한 잔심부름만 시켰다. 탈출하고 싶은 마음이 들자 가장 먼저 호주가 떠올랐다. 그리고 그동안 모은 돈을 들고 가족들의 만류에도 불구하고 다시 호주로 왔다. 이번에는 워킹 홀리데이 비자를 받아서 말이다.

처음 봤을 때 얼굴이 참 예쁘다고 생각했는데, 시드니 생활에 문제가 생긴 것은 바로 그 때문이었다. 처음 일했던 가게는 한인 부부가 운영하는 작은 식당이었다. 일도 많이 힘들지 않고 시급도 비록 시간당 10달러였지만 밀리지 않고 받았다. 손님이 없을 때는 앉아서 편하게 쉴 수도 있었고 여자 사장님과는 집에 초대를 받아 식사를 할 정도로 친해졌다. 그런데 문제는 남자 사장님이었다. 남자 사장님은 그릇 드는 것을 도와준다며 손을 살짝 잡기도 하고, 바빠서 뛰어다니고 있으면 엉덩이를 슬쩍 만지기도 했다. 사람들이 없을 때는 민망한 농담을 했다. 가게에는 신영 말고 남자 직원이 한 명 더 있었는데 그는 사장님이 좀 짓궂은 분이지만 좋은 분이니 웃어넘기라고만 했다. 그의 말대로 자신이 너무 민감한 건가 싶어 참고 넘어가려고 했지만 시간이 갈수록 남자 사장님은 더욱 노골적으로 신영을 만지려고 했다.

당장 그만두자니 생활비도 부족하고 이렇게 편한 일을 다시 구할 수 있을까 하는 생각에 몇 번을 참았다. 혹시나 여자 사장님에게 이 사실을 알리면 도움을 받을 수 있지 않을까 생각도 했다. 그러나 남편이 어린 종업원을 성희롱한다는 것을 알면 충격을 받지 않을까 하는 고민에 망설였다. 결국은 참지 못하고 가게를 그만두겠다고 했는데 그동안 정을 주었던 여자 사장님은 이유도 없이 나가겠다고만 하는 신영에게 화까지 냈다. 그렇게 마음고생 많았던 첫 번째 가게를 나왔다.

그 지역을 떠나 완전히 다른 동네로 이사를 갔다. 고깃집에서는 일이 서투르다고 금세 해고를 당했고, 뒤이어 손이 느리다고 식당 몇 군데에서 해고를 당했다. 그리고 겨우 잡은 일이 바로 이곳 초밥 가게의 일. 이곳은 주인이 항상 가게를 지켜보고 있지는 않기 때문에 손이 느려도 같은 직원이나 매니저에게 혼이 날지언정 당장 해고되지는 않는다.

"언니, 지금은 몸도 힘들고 일 잘 못한다고 한소리 듣기는 해도 제 엉덩이 만지고 그러는 사람은 없잖아요. 그래서 좋아요. 호주에 대해 나쁜 기억만 생긴 것 같아서, 그거 다 지워 버리려고 일부러 몸을 힘들게 만들고 있어요. 이렇게 하루 벌어서 하루 사는 것, 지금은 그게 제일 행복하거든요."

그리고 또 이런 이야기도 했다. "언니, 내가 한국에 갔더니 원하는 걸 하라는데 그게 뭔지 모르겠더라고요. 그걸 모르는데 어떻게 원하는 걸 해요."

"그러게."

"호주는 최소한 그런 게 뭔지 물어보지는 않잖아요. 와서 설거지하고 청소하고 그러면 되지. 그래서 왔어요. 여기서는 이렇게 살아도 최소한 내가 뒤처진 사람은 아닌 것 같아서요."

한국에 남아 불안을 견디며 사는 것이 좋은 선택일까, 아니면 호주에서 마음은 편하지만 몸이 고된 삶을 사는 것이 좋은 선택일까. 잘 모르겠다. 어쨌든 이 친구는 매일 오후 2시가 되면 얼굴이 발갛게 달아올랐다. 주방이건 홀이건 너무 더웠다.

제가 선택한
길인데요!

1층에서 4층까지 음식과 재료들을 나르는 아이는 나보다 두 살이 어린 스물세 살이었다. 1층 가게에서도 텃세가 있는지 들어온 지 얼마 안 된 이 친구는 늘 잔뜩 긴장해 있다가는 내가 말을 붙이면 꽤나 반가워했다. 꼭 만화 〈검정 고무신〉에 나오는 주인공 같았다. 아침 7시까지 출근하느라 밥도 못 먹었을 테지 싶어 김밥이라도 한 줄 주면 그것도 제대로 못 먹고 우물거리다가 얼른 내려갔다. 한번은 땀을 많이 흘리기에 냉장고에서 물 한 병을 꺼내 주었다. 가게에는 직원들이 마실 물이 따로 없어서 판매용 생수 같은 가장 싼 음료는 매니저에게 걸리지 않게 눈치껏 마시곤 했다. 내가 물을 주니 검정 고무신이 깜짝 놀랐다.

"이거 사먹어야 하는 거잖아요."

그럼 지금까지 물도 한 병 못 마셨느냐고 하니 "제일 싼 거 돈 내고 마셨어요" 한다. 텃세인 건지, 아니면 다른 매장에서는 모두가 돈을 내고 사먹는지 잘 모르겠다. 물도 3천 원이 넘으니 쉽게 마시지 못했겠다 싶다.

"일은 할 만 해?"

"그럼요, 저 이런 일 많이 해봤어요."

"대단한데? 한국에서도 짐 나르는 거 해봤어?"

"등록금 벌려고 휴학하고 마트에서 짐 나르는 거 오래 했었어요. 막일도 해보고. 저 이래 뵈도 튼튼해요!"

그는 한국에서 대학교 2학년을 마치고 어학연수를 하려고 호주에 왔다. 한국에서 유학원을 통해 어학연수 학원까지 등록해서 왔다. 저녁때는 어학원에 다니고 낮에는 생활비를 벌기 위해 여기 초밥 가게에서 일했다. 그런데 얼마 지나지 않아 얼굴이 아주 상해 버렸다.

"너 일 두 개 하니? 왜 맨날 아퍼?"

"누나, 죽겠어요."

아침 7시에서 오후 4시까지는 가게에서 하루 종일 뛰어다닌다. 일이 끝나자마자 급하게 샤워를 하고 학원에 가서 오후 5시부터 9시까지 어학원 수업을 듣는다. 집에 가면 10시가 넘는다고 했다. 눕자마자 잠이 들고 다음날 새벽같이 다시 일어나 일을 나간다. 일하는 내내 아마 거의 기어 다녔을 것이다. 내내 졸다가 집에 돌아오면 또 졸려서 자고.

"누나, 저 고민이 있는데요."

나는 한쪽에서 김밥을 말고, 고무신은 뒤에서 창고에 짐을 쌓으며 말했다.

"일이 너무 힘들어서 수업을 들을 수가 없어요. 수업 듣고 숙제하고 그러느라 늦게 자서 일 나오면 매일 피곤하고. 어떻게 해야 할지 모르겠어요."

"하나를 그만둬."

"어학원은 한국에서 진짜 힘들게 돈 벌어서 등록한 거라 열심히 다녀야 해요. 그리고 저 한국에 가서 등록금 내려면 여기서 돈 벌어 가야

되거든요. 호주에서는 한국보다 돈 벌기 쉽다고 하던데 돈은 하나도 안 모이고."

등록금보다 당장 생활비도 부족하단다. 너무 열심히 살아서 뭐라고 조언해 주기도 참 어려운 검정 고무신. 어학원 끝나면 괜히 고생하지 말고 돈 빌려서라도 한국으로 돌아가라고 말해 줬다. 나중에 사람들은 일한 지 얼마 되지도 않아 그만두는 책임감 없는 아이라며 수군거렸지만, 얼른 그만두라고 부추긴 건 사실 나였다. 이렇게 말은 했어도 검정 고무신의 성격에는 아마도 다른 곳에서 일을 해서라도 돈을 벌어 한국으로 돌아갔을 것이다.

"그래도 누나, 저는 부끄럽지 않아요. 남들은 비싼 돈 주고 어학연수 하지만 저는 스스로 돈도 벌고 영어 공부도 하잖아요. 힘들기는 해도 고생이라고 생각 안 해요. 제가 선택한 길인데요!"

**너처럼
대드는 애는 처음이다!**

이틀 동안 일했던 주스 가게에는 연희라는 친구가 있었는데, 일을 그만두면서 앓아누워 버렸다. 그동안 몸 고생도 많았지만 아마도 그만두면서 사장과 싸운 일 때문일 것이다.

연희는 하루에 일을 두 개 했다. 낮 12시부터 4시까지는 지하철 역 안에 있는 가판대에서 음료를 팔았고, 5시부터 밤 11시까지는 갈비를 파는 한식당에서 서빙을 했다. 두 일 모두 일주일에 6일을 일했는데 쉬는 날이 안 겹쳐서 일주일 내내 일했다. 그래도 중간에 낭비하는 시간 없이 일을 구한 것이 다행이라고 생각하며 열심히 일했다. 매일 10시간 이상 일하는 것이 쉽지는 않았지만 생활비를 빼고 조금이라도 돈을 모으려면 어쩔 수 없었다. 몸은 힘들었지만 서빙이나 판매 일은 사람들과 대화를 많이 할 수 있어서 재미있다고 했다. 연희는 사람 만나는 것을 좋아하고, 금세 친구가 되는 활달한 친구였다.

쉬는 날 없이 매일 일을 나가자 석 달 후 체력이 바닥나고 감기가 떨어지지 않고 오래갔다. 지하철 주스 가게 사장님에게 며칠만이라도 휴가를 낼 수 있을지 아니면 주 6일 근무에서 5일 근무로 시간을 조정할 수 있을지 부탁을 해볼까 하고 고민하고 있던 때였다. 그러던 어느 날, 사장님이 일주일간 푹 쉬고 나오라고 했다. 평소에는 지적도 많이 하고 직원들을 엄격하게 대해서 불편해 했지만 사실은 속정이 깊은 분이구나 하고 고마워했다. 연희는 사장님의 허락 덕분에 일주일간 집에서 푹 쉬면서 건강을 회복했다. 그렇게 쉬고 나서 다시 일을 하러 나간 그날, 사장님은 연희에게 자연스럽게 이렇게 이야기했다.

"이제 그만 나와도 될 것 같아."

"네?"

"어차피 너도 힘들어서 일을 더 못할 것 같고, 그러니 다른 사람을 쓰는 게 좋을 것 같네."

이미 새로운 사람이 가게에서 일을 하고 있었다. 황당했다. 이런 법이 어디 있냐고 말했지만 사장은 완고했다. 그럼 보증금이라도 돌려 달라고 말했다. 주스 가게는 처음 3주 동안의 임금을 보증금으로 사장이 보관하는데, 이 임금은 석 달을 일한 사람만 가게를 그만둘 때 돌려받을 수 있다. 이미 일하기로 약속했던 3개월이 지났기 때문에 보증금으로 묶여 있던 돈도 받을 수 있을 것이라고 연희는 생각했지만, 사장은 전혀 다른 이야기를 했다.

"보증금은 3개월 이상 일한 사람한테만 줄 수 있어. 네가 일주일을 쉬었잖니? 그래서 석 달에서 일주일이 모자라네."

"제가 쉰 일주일 때문에 그러신다면 일주일 더 일한 뒤에 보증금을 받아 갈게요."

"이미 다른 아이가 일하고 있어서 네가 계속 일하기는 어렵겠다."

3개월을 채우지 못하도록 일부러 휴가를 준 것이었다. 보증금은 그렇게 큰돈은 아니었다. 3주치 임금이라고는 하지만 그중 처음 2주는 수습 기간이라며 약속했던 시급의 절반인 5달러로 계산했기 때문이다. 그러니 실제로는 2주 임금인 셈이다. 일을 배운 것은 딱 하루, 둘째 날부터는 혼자 일했지만 절반의 시급을 주는 것에 항의하지 않고 연희는 성실하게 일했다. 강하게 항의하자 선심 쓰는 듯 사장은 거래를 제안했다.

"너처럼 대드는 애는 처음이다. 몇 푼 되지도 않는 걸 가지고. 그러면 이렇게 하자. 보증금에서 절반만 받아 가. 이거면 됐지?"

가게 사람들은 대부분 이렇게 3개월이 되기 전에 해고되었다. 그리고 아무리 항의를 해도 돌려주지 않기 때문에 보증금은 고스란히 사장의 몫이 되었다.

연희와 나는 아무리 시간과 노력이 든다 할지라도 신고를 해서 못 받은 임금을 받아 볼까 하는 마음에 도움을 받을 수 있는 곳을 알아보았지만 알 수 없었다. 일반적인 임금 체불 신고는 시간이 너무 오래 걸렸다.

그런 과정을 겪으며 사장과 끊임없이 만날 생각을 하니 그것이 연희를 더 질리게 만들었나 보다. 매일 사장에게 찾아가 돈을 달라고 요구했지만 사장은 절대 양보하지 않았다. 같이 일했던 사람들 말로는 그래도 보증금 절반을 받아 간 사람은 연희가 처음이라고 했다.

워킹
그리고 죽음

매년 호주 워킹홀리데이 참가자들의 사
고 소식이 뉴스에 나오고 있다. 최근 2015년 4월에 있었던 사망 사건을
듣고는 익숙한 가게 이름 때문에 가슴이 덜컥 내려앉았다. 시드니 시티
의 한국 식당에서 일하던 워킹이 회식을 마치고 사라졌다. 그 식당은 시
드니 시내를 걸어 다닌 적이 있는 워킹이라면 누구나 봤을 법한 곳이며,
한인 커뮤니티의 구직/구인 게시판에서도 자주 보던 곳이다. 호주에서
는 한인 식당만 밤늦게까지 영업을 했다. 장사가 마무리되는 것은 10시
에서 11시 사이, 그리고 회식을 했다면 자정이 넘어서까지 가게에 있었
을 것이다. 회식 후 그가 사라졌고 달링 하버Darling Harbour라는, 시드니에
서 가장 아름답다는 포구 인근에서 시신으로 발견되었다. 이런 사고 소
식을 현지에서 듣는 워킹들은 얼마나 가슴이 내려앉았을까. 2009년 내
가 호주에 있을 때에도 사고가 있었고 그 일은 당시 내게 큰 충격이었다.

2009년 7월, 워킹 관련 사고가 두 건이나 잇달아 일어났다. 하나는 유학생의 자살, 또 하나는 농장으로 간 워킹이 차를 몰고 나간 뒤 사망한 채 발견된 일이었다. 각종 매체가 이를 다루면서 동네가 술렁였다. 같은 집에서 살던 워킹 친구는 쇼핑센터 옥상에서 투신했다던 그 유학생과 같이 일해 본 적이 있다고 했다. 그 쇼핑센터는 내가 살던 지역에서 얼마 떨어져 있지 않았다. 옥상까지 올라갔을 그 마음이 어땠을까.

농장 워킹이 사고로 사망했다던 그날 밤에 나는 자고 있었다. 내가 잠든 사이에 누군가는 목숨을 잃었고 누군가는 사라진 것이다. 신문에 흑백으로 새겨진 얼굴이 앳되다. 화면에 손가락을 잠깐 대보았다. 사라진 두 사람을 호주 경찰이 성실하게 찾아 줄까 의심이 들었다. 그들은 농장에서 일하고 있었고 자동차*를 끌고 나간 후 사라졌다고 적혀 있었다.

그들은 어쩌다가 여기까지 왔을까. 잠깐 상상을 해보았다. 초등학교, 중학교, 고등학교, 남들 하는 대로 열심히 살다 보니 스무 살이 되었다. 대학에 입학하면 스스로 해낼 수 있는 게 많으리라 기대했겠지. 학비는 매년 깜짝 놀랄 만큼 올랐지만 한 시간 열심히 일해도 받을 수 있는

---

* 거의 모든 지역이 지하철과 버스로 연결되어 있는 한국과 달리, 호주에서는 자동차가 필수품이다. 특히 농장에서 이곳저곳 일자리를 찾아다녀야 하는 워킹들에게 차는 곧 일자리를 구할 수 있는 유일한 수단이기도 하다. '워킹 차'라고 불리는 차들은 대개 10년 이상 된 구형 자동차들이다.

돈으로는 밥 한 끼 먹기도 어려웠다. 그럼에도 불구하고『긍정의 힘』이나『성공하는 사람들의 일곱 가지 습관』같은 책을 읽으며, 자식 하나 잘되길 바라면서 살아온 부모님을 생각하며, 잠잘 시간 쪼개 공부하고 일하며 그렇게 죽어라 열심히 살았을 것이다. 남들 하는 만큼, 중간만큼 이라도 가기 위해 해야 할 일은 또 얼마나 많은지. 그중에서 얻을 수 있는 작은 성공에 기뻐하면서, 내일도 그리고 모레도 힘든 일들을 버텨 나갔을 것이다. 그렇게 학년이 올라가고, 더불어 학자금 대출금도 올라가고, 졸업 후 취직 전쟁을 생각하니 한숨만 나왔겠지. 이즈음 되었을 때는 정말 궁금했을 것이다. 내가 과연 '평범하게" 살 수 있을까. 학교를 졸업하고 취직해서 나중에 결혼도 하고 아이도 갖는 그런 '평범한' 삶을 살 수 있을까.

점점 막막해져 가는 미래에 매여 있을 수만은 없다고 생각하고 큰 용기를 내 휴학을 한다. 호주에 가져갈 정착금 3백만 원을 모으기 위해 몇 달은 아르바이트를 했겠지. 외국에 갈 수 있는 방법 중 가장 돈이 적게 든다는, 그리고 운이 좋으면 돈을 모아서 다음 학기 등록금까지 낼 수도 있고, 어학연수의 스펙도 쌓을 수 있다는 워킹홀리데이 비자를 받는다. 그때, 비자를 받고 비행기에 올라 한국을 떠났던 그 순간만큼은 설레었 겠지.

그렇게 호주에 온 워킹 중에는 영주권을 따서 앞으로도 계속 호주에 살고 싶다는 생각을 하는 이들도 있다. 호주 사람이 되면 워킹 신분과는 달리 최저임금도 받을 수 있고 복지 혜택도 받을 수 있을 것이다. 한국처럼 매일 일에 시달려 살지 않아도 될 것이고, 경쟁에 내몰리지 않아도 될 것이라는 기대도 있다. 호주 직장은 다섯 시면 퇴근한다지 않은가. 이주민들은 이런 기대를 가지고 한국보다 훨씬 비싼 물가도 이를 악물고 감내하며 살았을 것이다. 영주권을 따기 위해서는 인력 부족 직업군에 속하는 일을 해야 하므로 관련된 직업 전문학교에 다녀야 한다. 1년에 1천 5백만 원이 넘는 학비와, 아무리 아껴 쓴다고 해도 한 달에 80만 원은 넘게 드는 주거비와 생활비를 감당하기 위해, 학교에 다니며 나머지 시간에 식당 일, 청소 일을 닥치는 대로 했을지도 모르겠다. 내가 아는 대부분의 유학생들, 현지의 4년제 대학이 아니라 워킹으로 왔다가 영주권을 따기 위해 직업 전문학교에 다니는 많은 유학생들은 이렇게 살고 있었다. 밤새 일하고 돌아오는 귀가 길에 하루 종일 손이 물에 닿아 불어 버린 손톱을 보며 어떤 생각을 했을까. 그러다 이 생활이 끝도 없이 이어질지도 모른다는 불안감과 외로움 때문에 힘들었던 것일까. 도시 한가운데에는 보트가 떠다니고 하늘은 늘 청명하게 높은 이 아름다운 시드니에서 오늘도 내일도 설거지를 해야 했던 그 친구는 많이 외로웠을 것 같다. 그는 사람이 가장 많은 도심 한가운데 쇼핑센터 5층에서 몸을 던졌다고 했다. 사람들이 자신을 봐주길 바라서였을까.

다른 두 사람은 농장에서 사라졌다고 했다. 보통 워킹들은 농장보다는 일자리를 구하기 쉬운 도시에서 일을 시작한다. 그리고 할 수 있는 일을 닥치는 대로 하다가, 파김치가 되어 버린 몸과 마음을 이끌고 결국 농장으로 이동한다. 물가는 2000년대인데 임금은 1980년대인 상황을 버티면서, 점심시간 10분도 감사해 하며, 하루 종일 서서 다리가 얼얼해질 정도로 일하는 것도 감내했을 것이다. 그렇게 열심히 사는데도 모이는 돈은 적고 영어 한번 제대로 해볼 기회 없이 한국인들 사이에 자연스럽게 섞이는 자신을 보며 초조해졌을지도 모른다. 그래서 다시 용기를 내 도시를 떠나 사막으로, 농장으로 갔겠지. 가서 손끝이 부을 만큼 얼마나 토마토 꼭지를 땄을까, 허리가 끊어지도록 얼마나 호박 고구마를 캤을까. 그렇게 전쟁 같은 하루를 보내고 저녁에 맥주 한 잔씩 하고는 그리고 어디로 사라졌을까.

가끔, 한낮에 하늘이 아른거리는 그런 날, 일이 너무 많이 남아서 시간을 세기도 싫은 그런 때에 갑자기 모든 것이 훌쩍 사라졌으면 싶을 때가 있었다. 그들도 그랬을까, 내일이 오는 게 두려워서, 그래서 어디론가 사라졌을까.

부푼 꿈을 안고 바다를 건너와, 바닥을 기어 다니며 쓸고 닦고 줍고 땀 흘려도 자기 손에는 몇 푼 쥐기 힘든 그런 땅에서, 그러면서도 "하우 아 유!" 하는 사람들 앞에서 "굿, 땡큐!"라고 말해야 했을 그들. 한국에서도 우리는 시간당 4천 원 남짓의 돈을 받으며 아등바등 살아왔고, 그렇게 열심히 일하고 공부했어도 늘 앞날이 두려웠다. 돌아갈 용기도 선뜻 나지 않지만 이곳 호주의 생활도 쉽지는 않다.

그 즈음, (지자체 사무실 내지는 구청에 해당하는) 카운실에서 가게에 조사를 나온다고 했다. 무슨 조사가 나오는지는 알려주지 않았다. 대청소 지시가 떨어졌다. 그래도 공무원들이니까, 나는 혹시 그들이 이곳에 온다면 일하는 환경이 얼마나 가혹한지를 알아주지 않을까 기대했다. 혹시나 조사원들이 그냥 지나친다 하더라도 꼭 그들을 불러 말해 줘야겠다고 생각했다. 내가 힘들게 일한다는 걸 아무도 모른다는 사실이 나를

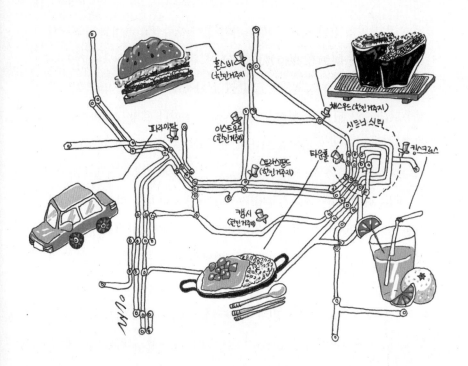

가장 힘들게 했다. 안다 해도 조금이라도 바꾸기 위해 무언가를 하는 사람은 없었다. 나는 혹시나 조사원들과 말할 기회가 생긴다면 뭐라고 이야기할지 예상 질문과 답변을 나름대로 만들어 준비했다.

조사 나오기 나흘 전, 매니저는 웬 서류를 작성하자고 했다. 그리고 세금 신고 번호와 여권 사본을 요구했다. 개인 정보였으므로 어디에 쓰는 건지 물어봤지만 다들 별스럽게 왜 따지느냐는 반응이었다. 용도를 묻는 내 질문을 매니저는 농담으로 알아들었는지 웃으면서 대답했다.

"이거 내야지 주급 주지, 안 내면 돈 못 줘."

옆에서 일하던 판매 담당 언니가 핀잔을 줬다.

"넌 귀찮게 뭘 그렇게 꼬치꼬치 따져. 그냥 내라면 내지."

꺼림칙한 마음에 개인 정보를 알려주지 않으려 이리저리 노력했지만 결국 매니저가 직접 나를 보러 왔다. 돈을 주지 않겠다는 말에 결국 인적 사항과 여권 사본을 제출했다. 방세는 내야 하니까. 그리고 곧 정부에서 사람이 나올 텐데, 이런 조치들은 내가 다 알리면 되겠지 하는 순진한 생각을 했다.

며칠 후 카운실에서 사람이 왔다. 나는 머릿수건을 동여매고 그들을 빤히 쳐다보았다. 카운실의 조사관들이 무슨 말을 할까, 나한테 말을 건다면 무엇부터 말할까. 그들이 사장을 불러 화를 내겠지? 당장 시정 조치가 떨어지겠지? 가슴이 두근거렸다.

그런데 온도계를 들고 다니며 냉장고 안의 온도를 잰다. 밥통 안이 깨끗한지 본다. 그리고 그 좁은 공간, 한 평의 4분의 1밖에 되지 않는 나의 좁은 작업장 안으로 그들이 비집고 들어온다. 그들이 혹시나 무언가를 물어볼까 싶어 신경을 곤두세웠다. 하지만 그들은 아무 말도 묻지 않고 가버렸다.

매니저는 청소 상태 불량 판정이 난 우리 매장에 다시 한 번 주의를 주었고 나와 주방 목사님은 아무 말 없이 바닥을 벅벅 닦아 냈다. 그들이 왔다간 뒤 달라진 것은 아무것도 없었다.

그것도 기대였던지 꺾이고 나니 감기가 심해졌다. 호주에서 관심이 있는 것은 호주 사람들에게 영향을 미칠 음식이 깨끗한지일 뿐이었다. 내가 중요한 것이 아니었다. 며칠 뒤 매니저에게 그만두겠다고 말했다. 매니저는 왜 그만두느냐는 말도 하지 않고 '알겠다'고 했다. 워킹이 일을 그만두는 것은 특별한 일이 아니다. 헤어짐을 아쉬워하지도 않았다. 다음 사람을 뽑을 테니 이틀간 교육을 시켜 주고 그만두면 된다는 대답만 돌아왔다. 후임자는 바로 구해졌다. 8시간만 투자하면, 가게는 일하는 사람이 바뀌어도 자연스럽게 돌아간다.

호주는 전통적으로 국가가 개입해 연방 정부 차원에서 직종별·산업별로 노사가 협상해 급여와 노동조건을 협의했다. 그러나 1983년부터 1996년까지 집권한 노동당 정부 시기부터 국가 경쟁력 강화와 전 세계적 경제 위기에 대처한다는 명목으로 정책 방향을 수정하기 시작했다. 1993년 발의된 노사관계법은 노동자가 노동조합을 거치지 않고 사측과 개별적으로 노사 협약을 맺을 수 있게 했다. 또한 1996년 집권한 보수연합이 발의한 새로운 노사관계법은, 연방 정부 차원에서 노·사·정이 함께 노동조건을 협상하던 기존의 방식을 바꾸어, 개별 산업 단위에서 노조와 사용자가 협상을 할 수 있게 했으며, 노동자의 노조 자동 가입 규정을 불법화했다. 그 결과 중앙집권적이고 강력했던 노동조합의 힘이 분산되었으며, 노동조건이 이전보다 나빠지는 산업들이 생기기 시작했다. 또한 노동조건에 대한 협의는 연방 차원의 중요한 이슈가 아니라 노조와 사업장 간의 개별적 이슈로 간주되었다.

이후 재선에 성공한 보수 연합은 2005년에 워크초이스(Workchoice) 법안을 통과시켰는데, 이 법은 개인과 회사 간 개별 근로 계약의 절차를 간소화하고, 그 과정에 대한 외부의 개입을 최소화하도록 했다. 그 결과 노조의 개입 없는 개별 노동자와 사용자의 계약이 활성화되었고 노동환경이 악화되었다. 개별 근로 계약이 산별 협약에 우선하게 되면서, 실질적으로 노조에 의한 산별 협약이 무력화되고, 고용의 형식과 임금 등 노동환경을 사업주가 정할 수 있게 되었기 때문이다.

산별 협약의 무력화는 정부 이민 정책의 변화와 맞물려 하청 체계가 확대되는 결과를 낳았다. 발전된 사회의 노동 구조는 이원적으로 구성되는데, 전문·숙련직의 1차 노동시장과, 단순노동·미숙련직으로 이루어진 2차 노동시장이 그것이다. 노동력의 국제 이주는 내국인들이 꺼리는 2차 노동시장의 노동력 충원을 위해 이루어진다. 1996년 하워드 정부는 '기술 이민'이라는 이름으로 이민을 장려했는데, 이때부터 크게 증가한 이민자들은 바로 2차 노동시장에 노동력을 제공했다. 기업들로서는 노조의 개입 없이 개별 근로 계약이 가능해졌으므로 과거처럼 산별 협약이 정하는 높은 수준의 노동환경을 유지할 필요가 없어졌다. 기업들은 하청이나 아웃소싱의 방법을 도입하기 시작했다.

다단계 하청의 가장 아래층에는 이민자들이 설립한 소규모 회사들이 있다. 하청을 거칠 때마다 비용이 낮아지므로 이들 회사는 임금이 싼 자국 출신의 노동자를 고용하기 시작했다. 또한 사업자 등록이 쉬워 영세 하청 회사들이 난립했다. 세금 신고 번호는 학생이나 워킹홀리데이 비자 소지자, 457독립 취업 비자 소지자들에게도 발급되는데, 이 번호만 있으면 소규모 회사를 설립할 수 있기 때문이다. 한인들이 많이 종사하는 청소업의 경우도 여러 차례의 하청을 걸친 가장 아래 단계에 있으며, 이들은 임금이 가장 낮은 워킹홀리데이를 고용한다. '워커'(worker)를 모집하는 한국 하청업자들의 공고는 한인 커뮤니티 구인 공고란에 늘 올라온다.

그래,
농장으로 가자

시드니에 있을수록 농장에 가는 것이 겁났다. 농장에 갔다가 실패한 사람들의 이야기를 주변에서 많이 들었다. 제대로 된 잠자리도 없고 밥 챙겨 먹기도 힘들어서 도시 사람들은 적응을 못한다고 말이다. 호주에 도착한 후 시드니에 짐을 풀었던 이유도 농장을 만류하던 사람들의 실패담들 때문이었다. 그러나 한편으로는 이상했다. 호주는 선진국이라 생활수준이 높다는데 아무리 농장에서 일한다지만 제대로 된 화장실도 없고, 컨테이너 박스 같은 숙소에서 사람이 산다는 것이 말이다.

겁먹고 시작한 시드니 도시 생활. 4개월째가 지나자 시드니에 정을 줄 수가 없었다. 더 이상 좁은 식당 안에서 김밥을 말고 설거지를 하고 싶지 않았다. 이렇게 김밥을 말다가는 내가 김밥인지 김밥이 나인지도 모를 것만 같았다. 〈모던 타임스〉에서 찰리 채플린이 왜 나사처럼 생긴 물건만 보면 돌려 댔는지 이해가 됐다. 그래서 시드니를 떠나기로 했다.

농장에 가겠다고 했더니 시드니에서 알고 지내는 모든 사람이 나를 말렸다. 워킹이나 교민들은 도시에서 허드렛일을 하면서도 농장보다는 낫다고 생각했다. 일자리에 대한 정보가 부족하다든가 숙소나 식사 같은 기본적인 생활이 보장되지 않는다는 문제 때문이기도 했지만, 다른 한편에는 정말 '이주 노동자'가 되어 버릴지도 모른다는 두려움이 있었다. 도시의 워킹들은 농장에서 동남아시아 사람들과 함께 백인 농장주 아래에서 일해야 하는 상황을 쉽게 받아들이지 못했다. 한국에서는 아무렇지도 않게 생각했던 것, 다시 말해 '한국은 잘사는 나라이고 시골이나 공장에는 일손이 부족하니 가난한 나라 사람들이 와서 일할 수도 있다.'라는 문장에서 가난한 '그들'이 바로 내가 될 수 있다는 사실을 받아들이는 것 말이다. 한국 사람들은 함께 모여 살면서 자신이 '이주 노동자'임을 애써 외면하려는 것처럼 보였다.

하지만 나는 농장 생활이 어쩌면 도시 생활보다 나을지도 모른다는 생각이 들기 시작했다. 도시에서 내가 해야 했던, 그리고 내가 할 수 있는 일들은 주로 '보이지 않는' 일이었다. 사람들의 눈에 띄지 않는 곳에서 해야 하는 일들 말이다. 농장에서는 힘들어도 애써 웃을 필요도 없고, 쇼핑센터에서 손님을 대하는 마네킹처럼 굴지 않아도 되니 사람들과 함께 일하는 느낌을 가질 수 있으리라 생각했다. 그렇게 생각하니 농장이라면 더 잘해 낼 수 있겠다는 용기가 생겼다.

중고차
구입하기

　　　　　　　　농장 일에서 가장 필요한 것은 무엇일까? 바로 자동차다. 한국에서 자동차는 필수품이 아니었다. 대중교통으로 어디든 갈 수 있었다. 하지만 호주에서는 차 없이 움직이기가 어려웠다. 시드니 시내에는 트레인이 있지만 그렇게 촘촘하지 않다. 지방으로 가면 사정은 더욱 심각한데 도시와 도시는 비행기로 이동하며 시외버스는 큰 도시에만 선다. 작은 농장을 직접 찾아다니며 일자리를 구하려면 반드시 차가 필요하다. 농장 지역은 대중교통이 전혀 닿지 않기 때문이다. 농장 일을 구하기 위해 차를 사기로 했다.

　　돈이 많지 않기 때문에 낡은 중고차를 위주로 봤다. 2009년 당시 워킹이 구입하는 차들은 보통 3백만 원에서 5백만 원 사이였는데, 겉만 봐도 '워킹 차'라는 걸 한눈에 알아볼 수 있었다. 고속도로에서 조금만 눈여겨본다면 워킹차를 쉽게 구분할 수 있을 것이다.

중고차 거래 정보가 올라오는 인터넷 사이트에서 조건에 맞는 차를 열심히 찾았다. 가격도 저렴해야 하고 주행거리가 길지 않으며, 사고도 크게 나지 않고 등록 기간이 남아 있는 차를 찾다 보니 쉽게 눈에 들어오는 것이 없었다. 그러던 중 어느 날 밤, 꿈에 온몸이 초록색인 할머니가 방문을 열고 다가왔다. 참 이상한 꿈이구나 생각했는데 그날 낮에 초록색 경차 한 대가 눈에 들어왔다. 초록 할머니가 왔구나 싶어 연락을 했다.

직접 가서 차를 보고 결정하기로 하고 차주를 만나러 시드니 서쪽 끝으로 갔다. 그리고 보니 시드니에 살면서 서쪽으로는 한 번도 가 본 적이 없었다. 일자리나 숙소가 모두 해안가 쪽, 시드니 동부에 집중되어 있었기 때문이다. 트레인으로 한 시간 반이나 걸리는 먼 길, 시드니의 한인 타운과 시티 중심가만 왔다 갔다 하던 나로서는 시드니가 색다르게 보였다. 마을 하나를 지날 때마다 마치 나라가 하나씩 바뀌는 것처럼 건물도 간판 분위기도 달라졌다. 이 동네는 붉은색 건물이 많았다. 낯선 분위기 때문에 긴장을 했다.

"안녕하세요?"Hi, How are you?

빨간 건물들 사이로 난 언덕길을 녹색 경차가 달려왔다. 경적 소리와 함께 운전자가 고개를 내밀고 인사를 했다. 처음 들어 보는 억양이었다. 콧수염을 기르고 키가 작은 중년 남자였다. 그는 쾌활하게 인사를 했는데 나는 겁이 나서 어정쩡하게 주춤거렸다. 기차역 주변의 빳빳한 분위기에서 빨리 벗어나고만 싶었다. 남자는 그런 나를 신경도 쓰지 않고 차에 대해 이런저런 말을 하고 있다. 지나가는 사람들이 이상하다는 듯이 나를 흘끗거렸다. 여기서 동양 사람은 나뿐이었다.

차를 몰고 온 남자는 이 차가 얼마나 좋은지에 대해 이야기하는 것 같았지만 발음을 못 알아들어서 그냥 뻣뻣하게 서있었다. 내가 차에 가까이 가지도 않고 대답도 잘 안하니 그가 초조했는지 시승을 한번 해보자고 했다. 낯선 차에 타는 이 긴장감, 혹시 나쁜 곳으로 데려가는 건 아닐까 하는 마음이 드는데 몸은 이미 차에 타고 있었다. 나는 여기저기서 듣고 배운 '중고차 살 때 알아봐야 할 체크리스트'를 손에 들고 차 문 쪽에 바짝 붙어 앉았다. 자리에 앉는 순간 곰돌이 푸가 씨익 웃고 있는 자동차 의자 커버와 만나 버렸다. 풉! 긴장이 순식간에 풀렸다.

아들을 학교에서 데려와야 하는데 시승도 할 겸 그래도 될지 그가 물어 왔다. 호주에서는 등하교 시 반드시 보호자가 가야 한다는 이야기를 예전 하숙집 아주머니로부터 들었으므로 승낙했다. 학교로 가는 길에 보이는 알 수 없는 글자의 간판과 식료품점, 옷집, 찻집들. 여기도 시드니였다.

멀리서 눈이 너무 깊어서 인형 같은 작은 아이가 달려와 차에 탔다. 차에 앉아 있는 이상한 누나가 어색한지 한마디도 하지 않고 곰돌이 푸 시트만 움켜쥐고 있었다. 길고 까만 속눈썹 때문에 낯선 동네에 대한 긴장이 사라졌다. 아이는 남자에게 "아빠, 이제 이 차는 이 사람 꺼지?' 하고 연신 물으면서 푸의 얼굴을 만지작거렸다. 10분도 되지 않아 집에 도착했다. 아들은 차를 여기저기 만져 보더니 쪼르르 집으로 들어가서는 창문으로 눈만 내밀고 차와 나를 번갈아 가면서 바라보았다.

남자는 이 차를 꼭 팔아야겠다는 생각인지 차의 보닛을 열고 뒷 트렁크도 모두 열고는 설명에 열심이다. 나는 체크리스트에 써있는 질문을 순서대로 물었다.

"고장 난 적은 없나요?"

"사고 난 적은 없나요?"

"등록 기간은 얼마나 남았지요?"[•]

남자는 사고라니 어림도 없다면서 큰소리를 쳤지만 살펴보니 차는 여기저기 긁혀 있었다. 그는 "사실 나도 이 차는 중고차로 산 것"이라고 말했다. 하지만 3백만 원대에서 차를 사면서 모든 조건을 다 갖출 수야 없지 않겠나 싶어 마음이 반쯤 기운 상태였다. 중고차를 사려면 미리 차에 대해 공부도 하고, 여러 가지 조건을 따져 봐야 한다지만 정보는 큰 사기 안 당하는 데나 쓸 뿐이다. 전문가가 아닌 이상 차 사는데 상태가 좋은지 아닌지 확실히 알 수가 없다. 이렇게 백지상태에서는 이상한 기준에 맞춰서 차를 사게 되는데 나의 경우는 아이가 예뻐서, 푸 그림이 있어서 차를 사기로 했다.

차를 사겠다고 말을 하자 남자는 선물로 기름을 가득 넣어 주겠다면서 함께 주유소로 출발했다. 눈썹이 까만 아이는 창문에 고개만 내밀고는 손을 흔들었다. 꼬마야, 잘 쓸게.

남자는 주유소로 가는 길목 길목마다 같은 동네에 사는 친구들을 만

● 1년에 한 번씩 교통국에 등록을 해야 하는데 이때 세금을 많이 내기 때문에 재등록까지 기간이 많이 남아 있을수록 차 값은 올라간다.

났다. 사람들은 다들 차에 함께 탄 동양 여자에 대해 물어보았다. 그들 나라 말로 하기 때문에 알아들을 수는 없었지만 대개 '행운을 빈다'와 같은 말을 하는 듯했다. 주유소 직원에게 남자는 이제 차의 주인이 바뀌었다고 하니 직원도 차를 탕탕 쳐주었다. 이 차가 남자와 남자의 가족에게 중요한 의미를 가졌었구나 하는 생각이 곳곳에서 들었다.

워킹의 중고차 매매는 거의 현금이다. 워킹에게 수표책이 있을 리도 없고 개인들 간의 거래이므로 카드도 사용할 수 없다. 아무래도 교통국 앞에 가서 직접 돈을 주고 함께 명의 이전을 하는 게 좋겠다 싶었다. 가까운 교통국에 가다 보니 벌써 해가 넘어가고 있다. 남자는 차에 대해 끊임없이 설명을 해주었는데 사실 나는 절반도 못 알아들었다.

호주 대부분의 공공 기관이 그러하듯 일처리 속도는 느긋하다. 두 시간을 기다리면서 남자와 나는 여러 이야기를 했다.

"나도 여기 와서 고생 많이 했어요. 15년 전에 왔는데, 처음에는 농장에서 일했지요. 정말 힘들었어요."

"저도 농장에 가려고 차를 사는 거예요!"

"행운을 빌어요! 나도 처음에는 많이 힘들었지만, 지금은 가족들도 모두 초대해서 함께 살 수 있게 되었어요. 가족들이 여기로 온 건 2년 전이죠."

그러면 남자는 13년을 이곳에서 혼자 일했던 것이다. 나는 왜 차를 팔게 되었는지 조심스레 물었다.

"공장에서 일하다가 허리를 다쳤어요. 몸이 아파서 일을 못 나가는 동안에 생활비가 부족해졌고, 그래서 차를 팔아서 생활비로 쓰려고요."

"그러면 아들 학교는 어떻게 데려다주나요?"

"좀 더 일찍 일어나서 열심히 걸어가면 되겠지요. 이 차 판 돈으로 쉬다 보면 허리가 나아서 다시 일할 수 있을 거예요."

나는 돈을 주고 차를 사면서도 미안한 마음을 지울 수가 없었다.

"힘들어도 조금만 참고 일해요. 열심히 하면 나처럼 오래 걸리지는 않을 거예요. 5년 정도만 돈을 모으면 가족들을 데려올 수 있을 거예요.

가족들은 모두 고향에 있나요?"

이 질문은 농장을 돌면서 수도 없이 받게 되었다. 나는 남자와 느끼는 유대감을 깨고 싶지 않아서, 열심히 일해서 나중에 가족들을 초대하겠노라고 그렇게 대답했다.

교통국에서 명의 이전까지 마쳤으니 이제 차를 끌고 집으로 가면 된다. 작별 인사를 하려는 순간 아차 하고 잊어버린 것이 있었다. 매매 계약서! 카드 거래가 아니기 때문에 혹시 도난 차량으로 오해받을 때를 대비해서 직접 매매 계약서를 써야 하는데 깜빡 했던 것이다. 계약서를 써 달라고 하자 남자는 갑자기 난색을 표했다. 차 명의자가 아내이기 때문이란다. 그렇다면 집으로 가서 아내에게 서명을 받아오면 되는 것이니 어려울 것도 없다고 생각했으나, 그는 자꾸만 머뭇거렸다. 오늘 안에 일을 다 처리하고 싶은 생각에 그를 재촉해 그의 집으로 다시 돌아갔다.

그가 잠시 나를 밖에 세워 두고는 먼저 들어갔다. 나는 눈썹이 까만 그의 아들에게 인사를 해야 할 것 같아서 조금 떨어져서 그를 따라 마당 안으로 들어갔다. 그런데 잠시 후, 고함 소리가 나기 시작했다. 여자 목소리가 들리더니 곧이어 남자 목소리가 나면서 둘은 서로 죽일 듯이 소리를 지르며 싸웠다. 나는 놀라서 현관 앞에 우두커니 섰다. 부부는 나를 신경도 안 쓰고는 서로 삿대질을 하면서 싸웠다. 남자는 종이를 가져와서 서명을 하라고 했고 여자는 계속해서 펜을 집어던졌다.

그 방 안에 눈썹이 긴 남자 아이와, 더 작고 예쁜 딸이 거실 한쪽에서 만화영화를 보고 있었다. 아이들은 부모가 싸우는데 미동도 하지 않았다. 만화를 보면서 장난감을 가지고 노는 아이들 위로, 곧이어 부부는 물건을 집어던지면서 싸우기 시작했다. 30분이 지났다. 오늘 안으로 계약서를 받을 수 있을까.

내가 집 안으로 들어갔다. "저기요!"Excuse me!를 세 번은 외쳤다. 거의 소리를 지르다시피 부르자 부부는 방으로 들어가 버렸다. 마지막 외마디 비명 같은 부인의 악다구니가 끝나고 남편이 계약서를 들고 나왔다. 아이들은 나를 빤히 보고 있다가 잘 가라고 손을 흔들어 주었다. 작은 녹색 차는 그렇게 정신없이 내게 왔다.

마을을 빠져나오는데 마치 영화의 한 장면을 보는 것 같았다. 그곳은 쿠르드인들이 모여 사는 마을, 여기도 시드니였다. 여행 책자 어디에도 쿠르드 사람들의 마을에 대한 소개는 없었고 그저 흉흉히 들리는 말로 레바논계 사람들을 조심하라며, 이 지역은 우범지대이니 가지 말라는 그런 소문만 있었다. 사실 한국 사람들이 많이 사는 코리아타운 중 하나인 스트라스필드Strathfield와 그 인근에는 중국 사람들도 많이 살고 있고, 채스우드Chatswood도 그렇다. 시드니에서 범죄가 자주 일어나는 대표적인 지역이다. 우리는 서로서로 경계하고 무서워하면서 같은 도시에서 살고 있었다. 곰돌이 푸를 좋아하는 쿠르드 꼬마와 뽀로로를 좋아하는 한국인 꼬마는 시드니에 살면서 서로 만날 수 있는 확률이 얼마나 될까. 그리고 한국인 워킹홀리데이로 온 내가 쿠르드 부부의 격렬한 부부 싸움을 볼 수 있는 확률은? 하지만 결국 우리는 비슷한 일들을, 서로 보이지 않는 곳에서 하고 있었다. 남자가 하던 공장 일이나 청소 일은 사실 한국 워킹들이 시티에서 많이 하는 일이었다.

참, 농장 지역에 차를 가지고 다닐 경우 크고 작은 사고가 생길 수 있으니 보험을 드는 것을 추천한다. 나는 은행에서 보험을 들었는데, 가장 지점이 많은 은행의 자동차 보험 중에서 보장 범위가 가장 넓은 보험을 들었다. 지점에 가서 가입 의사를 밝히면 차량 번호나 차량 등록 서류만 확인한 후 곧바로 가입 처리된다. 다만 보험을 전담하는 직원이 구체적인 설명을 해주면서 가입을 안내하는 것이 아니므로 들고자 하는 보험사의 보장 범위에 관한 안내 책자 등을 미리 상세히 살펴보아야 한다. 전화 통화나 인터넷을 통해 사고 접수하기 어려운 외국인에게는 지점에서 직접 도움을 받을 수 있는 큰 은행의 보험을 추천한다. 잘 모를 때에는 직접 찾아가면 되기 때문이다. 차량 구입과 등록, 보험 가입이 끝났다면 이동 수단에 대한 준비는 끝났다.

　운전 방향이 반대인 것을 주의해야 하는데, 사실 이 점은 주의한다고 되는 것은 아니라고 생각한다. 아무리 신경을 써도 무심코 한국과 같은 방향으로 차를 몰게 되니까 말이다. 아무리 조심해도 지나치지 않지만 조심한다 해도 어쩔 수 없는 부분이기도 하다. 그저 할 수 있는 말은 행운을 빈다는 것 정도!

차 사고

여러 명이 함께 이동하면 경비도 절약
되고 서로 의지도 된다. 친구 세 명과 함께 농장에 같이 가기로 했다. 4
인용 차니까 문제없을 거라고 생각했는데, 막상 타고 나니 그게 아니었
다. 경차라 트렁크가 넓지 않은데 한 사람당 캐리어 한 개에 배낭 한 개
씩을 가져왔던 것이다. 게다가 당분간을 버틸 식료품까지 모두 실으니
사람은 제대로 앉을 자리도 없었다. 일단 트렁크와 뒷좌석에 짐을 구겨
넣고 문에 거의 달라붙다시피 뒷자리에 두 명이 앉았다. 안 굴러갈 것 같
던 차가 그래도 가는 게 신기하다. 드디어 시드니를 떠난다.

네 명은 각자 잘 할 수 있는 일을 맡았다. 운전 경력이 반 년 정도 있
는 친구는 운전대를 잡고, 지도를 잘 보는 친구는 조수석에 앉아서 지도
를 읽고, 나는 최대한 몸의 부피를 줄여 짐 사이에 끼어 앉는 역할을 맡
았다.

짐을 잔뜩 실었는데 비까지 왔다. 미끄러운 언덕길을 올라가는 차는 힘이 드는지 요란한 엔진 소리를 냈다. 차를 다독거리며 시드니를 빠져나와 석 달 반을 살던 동네를 뒤로 하고, 해고당했던 햄버거 집이 있던 동네 혼스비도 뒤로 하고, 시드니 북쪽의 산 블루마운틴을 넘었다. 산을 넘는 중간에 차 엔진 온도가 순식간에 위험수위까지 올라갔다. 아직 겨울이었기에 엔진 온도 과열의 효과를 체감할 수 없었지만, 엔진이 뜨거워지면 어떤 일이 발생하는지는 곧 알 수 있었다. 나는 엔진 온도를 점검하는 역할을 맡았다. 싼 중고차는 뭐 하나라도 문제가 있다.

차에서 "겔겔겔" 하는 소리도 나고, 고속도로 타는 것도 처음이라 긴장하다가 휴게소를 보니 마음이 탁 놓였다. 밥도 먹을 겸 휴게소로 들어가는데 운전자가 둔덕을 못 보았나 보다. 차가 그대로 화단으로 들어갔다. 덜컹거리면서 머리를 천장에 박을 뻔 하고 겨우 멈췄는데, 나와 보니 타이어 앞뒤를 막고 있던 흙받이가 너덜너덜해졌다. 어차피 찢어진 거 하면서 확 뜯어내 버렸다. 사고라는 게 이렇게 순식간에 날 수도 있는 거였다. 하지만 진짜 사고는 그날 저녁에 일어났다.

4백 킬로미터를 달려 시드니에서 북쪽에 있는 작은 마을 타리Taree로 왔다. 그곳에서 하루 자고 떠나려고 했는데 인가가 보이지 않는다. 호주의 시골 마을은 처음 와보기 때문에 구조를 몰라 같은 길을 뱅뱅 돌았다. 가로등도 없는데 어두컴컴해지자 긴장한 나머지 전조등을 켜는 것도 잊어버렸다. 마을을 둘러싸고 강이 흘러서 안개가 가득했다. 안개 낀 도로 위에 달랑 차 한 대. 그러다 겨우 모텔 간판을 하나 발견했다. 드디어 숙소를 발견한 것에 안도하며 안개를 뚫고 간판이 안내하는 곳으로 차머

리를 돌렸다. 그리고 순간 꽝!

차가 기울었다. 모텔 입구라고 생각했던 곳이 가까이 가보니 도로 표지판 기둥이었다. 도로 표지판을 들이받고 핸들이 오른쪽으로 꺾이면서 차가 화단 위로 올라갔다. 운전자는 당황한 나머지 뒤로 가지 않고 가속 페달을 밟았고 차는 다시 한 번 꽝. 이번에는 차머리가 표지판 옆에 있던 빨간 우체통과 세게 부딪쳤다. 속도를 이기지 못하고 계속 앞으로 나가더니 결국 우체통에 부딪친 부분부터 차체가 점점 찌그러져 왔다. 왼쪽

보닛이 찌그러지고, 앞문이 찌그러지고, 그리고 앞자리에 앉았던 친구 쪽의 문이 찌그러지기 직전에 차가 멈추었다. 5분도 안 되는 시간이었다.

밖에 나와서 보니 깨진 전조등 사이로 빛이 새어 나오고 차 밑에서는 기름인지 물인지 모를 액체가 뚝뚝 떨어졌다. 소리를 듣고 동네 사람들이 모였다. 아마 작은 마을에 이 정도 사고였다면 화제의 중심이 되었을 것이다.

해야 할 일을 생각했다. 시간은 저녁 8시 30분, 이미 은행 지점은 모두 문을 닫아 도움을 요청할 수 없다. 보험증서를 찾아 표시된 긴급 전화번호로 전화를 걸었다. 자동 응답기가 말을 하는데 알아듣기가 힘들었다. 한국에서는 자동 응답기가 불편하다는 생각을 하지 못했었다. 한국에서도 한국어 자동 응답기만 있으니 외국인들은 굉장히 불편했을 것이다. 다시 듣기를 한 다섯 번은 한 것 같다. 겨우 자동 응답기가 말하는 영어를 알아들을 수 있었다.

상담원과 연결이 되었다.

"사고가 났어요. 커먼웰스의 자동차보험에 가입해 있고, 도움이 필요해요." I have an accident and I have your car insurance. I need your help.

아주 단순하고 기본적인 단어들을 반복했다. 혹시 못 알아들을까 봐서다. 나중에는 "사고, 도움 ……" 같은 단어들만 말했다. 그런데도 잘 안 들렸나 보다.

"무슨 말을 하는지 못 알아듣겠는데요. 뭐라고요?" I can't understand you. what?

상담원은 내 발음을 알아들을 수 없다는 말만 반복했다. "뭐라고요?"

를 몇 번 하더니,

"오늘은 너무 늦었고, 당신이 하는 말을 잘 못 알아듣겠습니다. 내일 다시 전화하세요."Today is too late and I can't understand what you're saying. Call us tomorrow.

전화는 끊겼다. 심호흡을 하고 다시 전화를 해서 다른 상담원을 연결했다. 이번에는 좀 다른 대답을 했다.

"커먼웰스 보험사의 홈페이지를 통해서 사고를 접수할 수 있으니 그쪽으로 신고하세요."You can claim by Internet. Go to common wealth bank insurance homepage.

내가 뭐라고 하는지 못 알아듣겠으니 나중에 인터넷으로 써서 보내라고 말했다.

이번에는 세 번째, 다시 전화를 했다.

"저는 한국 사람이고, 사고가 났어요. 한국어 통역 서비스를 받을 수 있을까요?"I am Korean and I have an accident. Do you have Korean translater?

그는 '한국 사람'Korean이라는 단어를 잘 알아듣지 못했다. 통역 서비스는 제공하지 않는다고 했다. 마지막으로 시드니에서 보험 가입하는 것을 도와준 은행 직원에게 전화를 했다. 직원은 이렇게 대답했다.

"지금은 근무 중이 아니라서 아무것도 할 수 없습니다. 내일 다시 전화하세요."I'm not at office now, so I can't do anything at this moment. please call me tomorrow.

워킹들은 선불식 휴대폰을 많이 썼는데, 전화비가 한국보다 비쌌다. 상담원에게 세 번 연결하고 자동 응답기를 다섯 번 들었더니 충전한 돈 10만 원을 다 썼다. 전화요금은 편의점에서 충전할 수 있는데 시골의 한밤중에는 문을 연 편의점이 없다. 전날 저녁은 시드니 하숙집에서 잤는데 오늘은 망가진 차를 가지고 모텔에서 자게 생겼다.

약관에는 "주 7일, 24시간 사고 접수 가능"available 24 hours a day, 7days a week이라고 써있었다. 24시간 일주일 내내 전화는 받는다. 그냥 끊는다는 것이 문제였을 뿐. 보험사 직원들이야 매뉴얼대로 했을지 모르겠다. 외국인의 영어는 알아듣기 힘드니 좀 더 배려하고 주의를 기울이라는 그런 매뉴얼까지는 없을 테니 말이다. 만약 한국에 있었다면 사고를 처리할 수 있는 방법을 찾아서 도움을 받을 수 있었을 것이다. 보험회사를 부를 수도 있고, 아니면 인근 카센터에 연락할 수도 있었을 것이다. 하지만 나는 외국인 워킹이고, 의료보험도 없고, 말도 잘 못하고, 어떤 수단이 있는지도 잘 모른다. 내가 아무리 설명해도 그들은 알아들으려고 하지 않았다.

그저 여행하다가 운 나쁘게 사고를 만난 것이 아니다. 농장 일자리를 찾기 위해 수많은 워킹들이 차와 함께 도로 위에 있다. 어디가 고장 나거나 고장이 날 오래된 차를 끌고 익숙하지 않은 도로를 달리고 있다면 차 사고는 언제든 날 수 있을 텐데, 그들도 모두 나 같은 상황을 만났을까?

다음날 아침, 전화비를 충전해 다시 보험사에 전화를 해보기로 했다. 이번에는 모텔 마당에서 햇볕을 쬐고 있는 아저씨에게 부탁을 했다. 영어를 잘하는 사람이 접수를 하면 이야기를 들어주지 않을까 싶어서였다.

그 사람은 모텔 옆집에 살았는데, 이미 모텔 주인에게 전날의 사고에 대해 들어서 잘 알고 있었다. 그는 보험사의 연락처와 사고가 난 시간, 차량의 상태를 살펴보기 시작하더니 전화를 걸어 주었다. 호주 사람이 전화를 했는데도 거의 세 시간이나 통화를 했다. 사고 경위를 설명하고 나면 보험사는 잠시만 기다려 달라 한 뒤 다른 사람을 바꿔 주고, 다시 사고 경위를 설명하면 기다려 달라 말하고 또 다른 사람을 바꾸었다. 세 시간을 통화한 끝에 정비소 주소를 하나 받았다. 보험사와 연계된 차량 정비소인데 차가 굴러간다면 이곳에 차를 맡기라는 것이다. 차로 20분을 달려 '밸리 패널스 앤 페인팅'Valley Panels & Painting이라는 정비소에 차를 맡겼다. 배가 불룩 나온 정비사 '케빈'이 쾌활하게 인사를 하며 차를 살펴보았다.

"심각하게 고장 나지는 않았네요. 찌그러진 문짝 좀 펴고, 앞에 전조등도 새로 달고 색칠도 하고 그러면 되겠어요. 2~3주 걸리겠어요. 하하!"

가져온 돈을 셈해 보니 10일 안에는 일자리를 얻어야 했다. 우리 넷은 농장으로 떠나기 위해 시드니에서 번 돈을 모두 모아 6천 달러를 마련했었다. 자동차를 구입하는 데 3천5백 달러, 자동차 보험료를 내고, 숙박비와 식비, 기름 값을 제하고 일주일 만에 우리 수중에는 고작 1천5백 달러가 남아 있었다. 케빈이 말하는 2주일은 기다릴 수 없다고, 더 빨리 해달라고 하니 마음을 넉넉하게 가지란다. 다 잘 될 거라고. 기다릴 돈이 없다는 말이 목구멍까지 나왔지만 영어로 다 옮기기도 어렵고, 최대한 빨리 해달라고 몇 번을 부탁했다.

"꼭 빨리 고쳐 주세요."

"잘은 모르겠지만, 노력해 보도록 하죠. 하하!"

호주 사람들은 참 여유롭다. 관공서에 긴 줄이 늘어서 있어도 불평 없이 잘 기다렸다. 시드니의 초밥 집에서도 점심시간에 줄이 아무리 길어도 손님이 직원을 재촉하는 일이 없었다. 정말이지 이런 여유로움을 배우고 싶었다. 하지만 여유롭게 3주는 잡으라고 말하는 정비사 앞에서는 그런 여유를 가질 수가 없었다. 며칠도 못 기다려서 "빨리 빨리"를 외치는 나를 호주 사람들은 문화적 차이라고 생각했을까. 잘 알지도 못하면서.

보험사는 차 수리 기간 동안 사용할 수 있는 렌터카를 주었다. 2주 동안 사용할 수 있다니 렌터카를 타고 일자리를 얻은 다음, 그곳에서 휴가를 얻어 차도 반납하고 고친 차도 받으면 되겠다고 생각했다. 2주 안에 일을 구할지, 차가 고쳐질지는 알 수 없지만 말이다.

렌터카를 받자마자 다시 북쪽으로 출발했다. 렌터카는 경차가 아니라서 구겨 앉지 않아도 됐다. 오래 앉아 있어도 허리가 덜 아팠고 큰 차가 지나갈 때 차체가 흔들리지도 않았다. 차 사고가 난 것은 안타깝지만 승차감이 좋으니 달릴 때는 기분이 좋았다. 계속 북쪽으로 갔다. 뉴사우스웨일스 주를 넘어 퀸즐랜드 주로 넘어갔다. 날씨가 점점 더워져 우리는 겨울옷을 모두 벗고 반팔에 반바지 차림이 되었다.

1. 시티 사람들은 농장에 가면 망한다는 말을 많이 하는데, 농장에서는 시티에 가면 망한다고들 한다. 어디든 힘들기 때문에 걱정하느라 망설일 필요는 없다. 다만 힘든 것의 종류가 다를 뿐이다.

2. 농장에서 일자리를 찾기 위해서는 자동차가 반드시 필요하다. 대도시와 달리 소도시나 농촌에는 대중교통이 발달되지 않았기 때문이다. 차가 없으면 일자리 중개업자에게 일을 구할 수밖에 없으므로 차를 준비하자.

3. 워홀 안내서들은 중고차 매매 오프라인 시장, 호주 현지의 중고차 거래 사이트를 소개하고 있지만 이런 곳에서 거래되는 차는 멀쩡하고 안전하며 꽤 비싸다. 처음부터 교민 웹사이트나 여행자 중고 거래 온라인 사이트에서 찾자. 그러나 싼 차는 역시 뭐라도 문제가 있으니 적당히 마음을 비우는 것이 좋다.

4. 차를 구입할 생각이라면 한국에서 간단한 정비 기술을 배우고 가기를 추천한다. 더운 나라에서 낡은 차로 무리하게 먼 거리를 운전하면 문제가 생기기 마련인데, 호주 정비소는 한국보다 많이 비싸기 때문이다. 정비소에만 맡기다가는 일을 구하기도 전에 파산할 수 있다. 배터리가 나간 경우 다른 차에 로프를 연결해서 시동 거는 법, 냉각수 채우는 법, 엔진오일 채우는 법 정도는 알고 가자. 그리고 호주 주유소는 모두 셀프이니 주유하는 법도 배워 가자.

5. 운전할 때는 야생동물을 특히 주의해야 한다. 길바닥에 악어가 올라와 있기도 하고, 잠자던 코알라가 나무 아래로 뚝 떨어지는 경우도 있다. 가장 위험한 것은 캥거루다. 달리는 자동차에 캥거루가 뛰어들어 부딪치면 큰 사고가 난다. 호주에서 자동차

144

앞뒤로 쇠로 된 보호대를 설치하고 다니는 것은 야생동물과의 충돌을 피하기 위해서이다. 워킹은 그럴 돈이 없으므로 알아서 피해야 한다. 우리가 아는 귀여운 캥거루는 '왈라비'이고 보통 캥거루는 아주 크다.

6. 호주는 밥값이 비싸므로 이동 중 비용을 아끼기 위해서는 밥을 직접 해먹을 수밖에 없다. 마트에서 밑반찬을 구입하고, 간단한 그릇, 설거지용 세제, 수세미, 바닥에 깔고 앉을 담요나 돗자리, 휴대용 가스레인지 등을 꼭 준비한다.

7. 지방은 선불식 전화기를 충전하는 곳이 드물기 때문에 한 번에 넉넉하게 충전해 둔다. 일을 구하려면 농장에 계속 전화를 걸어야 하므로 전화비가 많이 든다.

8. 이동할 때 숙소는 주로 모텔이나 카라반 파크의 캐빈을 이용하게 된다. 카라반 파크는 캠핑카인 카라반 차량들이 쉬어 가는 곳인데, 카라반이 없는 사람을 위한 숙소도 몇 동 제공하고 있다. 캐빈은 오두막이 아니라 컨테이너 박스이다. 숙박비가 저렴한데 시설은 천차만별이다. 약간의 가격 흥정이 가능하므로 한 푼이 아쉬울 때는 깎아 보자.

9. 농장 지역이라고 해서 갔는데 농장이 보이지 않는다고 실망하지 말자. 농장을 에둘러 키가 큰 나무를 많이 심어 두기 때문에 밖에서는 농장처럼 안 보이는 경우가 많다. 포장이 없는 길, 외진 길, 막다른 길처럼 생긴 곳을 들어가다 보면 신기하게도 농장이 있다. 그래서 일하는 사람들이 하나도 안 보이는 것이다.

취업의
롤러코스터

첫 도착 예정지인 '카불처'cabooolture라는
지역은 딸기 농장이 많다. 카불처에 들어서면 수십 개의 딸기 농장이 입
구부터 늘어서 있으리라는 상상, 그리고 어렵지 않게 일자리를 구하는
상상을 했다. 이렇게 '안정'에 대한 바람이 강했던 적은 난생 처음이다.
일을 하고 돈을 벌어서 편하게 밥을 먹고 싶은 마음! 도로 표지판에 '카
불처'라는 지명이 보였다.

웰컴!Welcome! 하는 표지판을 지났다. 해가 가장 뜨거울 시간이다. 거
리에는 사람이 한 명도 없다. 딸기 냄새조차 나지 않는 이 조용한 곳, 적
막 때문에 딸기 농장을 못 찾을지도 모른다는 두려움이 생겨 딸기 맛 사
탕 하나를 빼물었다. 딸기 냄새가 나니 조금 괜찮아졌다.

카불처에 도착해 처음 만난 사람은 키가 작고 피부가 까맣게 그을린
남자였다. 피부가 탔다 싶은 게 아니라 아예 데인 것 같았다. 이런 사람

들이 바로 농장 노동자들이다. 인근 농장 정보를 물어봤는데 영어를 잘 못했다. 중국에서 왔다는 이 남자는 차도 없이 혼자 이곳에서 딸기 따는 일을 한다고 했다. 중국은 워킹홀리데이 협정이 체결된 나라도 아니고, 차 없이 혼자 카불처에 와서 농장까지 찾아 들어가기란 꽤 어려운 일인데 어떻게 일자리를 구할 수 있었을까. 농장 여행이 계속되면서 이런 궁금증은 조금씩 해결되었는데, 일할 수 있는 비자를 가지지 못한 사람들이 농장에는 아주 많았다.

카불처 마을 지도를 한 장 얻어 농장을 찾기 시작했다. 비포장도로가 많아서 흙을 뒤집어쓰고 다녔다. 시내를 벗어나 한 시간을 가자 딸기 냄새가 났고, 곧 넓은 밭이 나타났다. 딸기다! 그런데 스무 곳이 넘는 농장을 돌았지만 일할 수 있다는 곳이 없었다. 내가 안쓰러워 보였는지 농장에서 일하던 사람이 뒤따라 나와 조언을 해주었다.

"농장에서 일을 구하고 싶으면 일이 많다는 수확기에 딱 맞춰 오면 안 돼. 몇 주라도 미리 와서 일자리 대기 명단에 이름을 올려놔야 일할 수 있어. 이곳 카불처는 이미 사람이 가득 찼을 거야."

딸기 농장을 더 찾아봐야 소용이 없다는 이야기였다.

그런데 농장에서 얻는 정보는 절반만 맞다. 미리 대기자 명단에 이름을 올려놓아야 일자리를 얻을 수 있지만, 일찍 도착해서 기다리다가 일이 시작되기 전에 생활비가 떨어질 수도 있다. 또한 일자리 대기 명단이 반드시 일을 받을 수 있다는 확답을 주는 것도 아니다. 한참 수확기에 농장에 도착하면 이미 사람이 다 차서 일을 구할 수 없다지만 수확기가 아닌 때는 일이 없다. 다만 카불처에서 이것만은 확실했다. 여기는 더 이상 일자리가 없다는 것.

카불처에는 딸기 외에 토마토 농장도 있다고 책에 나와 있었다. 다음 날은 토마토 농장을 찾아다녔지만 역시 사람을 구하지 않았다. 다른 곳으로 이동하면 다시 3~4일이 걸릴 텐데 어떻게 할까 고민하면서 반나절을 보냈다. 점심이 되도록 허탕을 친 후 우연히 친구가 전화번호부를 뒤적이다가 '농장'FARM이라고 쓰인 아무 곳에나 전화를 걸었다. 그리고 놀랍게도 일자리가 있으니 내일부터 나오라는 말을 들었다. 마치 롤러코스터를 타는 기분이었다. 정말 뭐든지 시켜만 주면 다 할 것 같았다.

농장은 카불처 마을에서 고속도로를 타고 30분을 떨어져 있었다. 지도나 설명 없이 찾아다녔다면 쉽게 발견할 수 없을 위치에 있었다. 바깥쪽에 나무가 심어져 있어서 외부에서는 농장이 보이지 않았다. 좁은 입구를 지나니 끝도 없이 넓은 딸기밭이 펼쳐졌다. 그리고 수많은 사람들이 허리를 숙이고 딸기를 따고 있었다. 과일 단내가 진동했다. 농장주는 시간당 17.6달러를 제시했다. 드디어 최저임금을 지키는 곳에 온 건가! 감격적이었다. 20퍼센트는 세금을 내고 나머지를 지급한다고 했다. 농장주는 고용 신고를 위해 여권 번호와 세금 신고 번호를 요구했다. 발급받은 이후 한 번도 써보지 못한 세금 신고 번호를 대고 정당하게 일할 수 있다는 것이다. 임금은 일주일에 한 번, 호주의 주급 지급 날짜인 목요일에 통장으로 입금된다. 하루에 정확히 8시간을 일하고 2시간에 한 번, 10분씩 쉬는 시간이 있다. 나는 시급이 17.6달러라는 말을 듣는 순간 너무 좋아서 이미 정신이 아득해졌다. 그때, 딸기밭에서 일하고 있는 사람들이 쾌활해 보였으니 말이다. 목이 마른 사람들은 물통을 실은 트럭 뒤

에서 자유롭게 물을 마셨다. 뜨거운 태양 때문에 윗옷을 벗은 사람들이 많았다. 그날은 그런 모습조차 젊음의 열기로 느껴졌다. 그때 낮 기온은 38~39도였다.

농장 이름은 '트위스트 형제의 딸기 농장'Twist Brothers Strawberry Farm이다. 관리인들은 'strawberry brothers'라고 새긴 반팔을 입고 있었는데 딸기 두 알이 그려져 있었다. 반바지를 입고 종아리가 풀에 긁히지 않도록 무릎 밑까지 올라오는 긴 토시를 신었다. 키가 큰 남자들이 토시에 반바지, 그리고 귀여운 딸기 그림이 있는 티셔츠를 입은 채 근엄한 얼굴로 일꾼들을 감시했다. 옷차림이 귀엽다고 쉽게 봤다가는 큰 코 다친다. 농장에서는 명시적으로는 관리인의 지시를 따라 일해야 하고, 묵시적으로는 관리인의 눈길을 피해서 일해야 한다.

트위스트 형제들의 딸기 농장은 처음 온 사람들에게 10분 동안 교육을 시킨다. 10분이면 농장 일을 다 배울 수 있다. 단순 반복 동작이기 때문이다. 농장에는 매일 10명 정도의 새로운 일꾼이 들어왔다. 새로 온 노동자들은 마트 장바구니 크기지만 높이는 절반밖에 안 되는 딸기 수확 전용 바구니를 하나씩 받았다. 바구니는 자신의 왼쪽에 놓고 양 다리를 어깨 넓이보다 조금 넓게 벌린 후에 허리를 깊게 숙여서 딸기를 따면 된다. 시범을 보여 주는 관리인의 이름은 브래드, 귀여운 티셔츠를 입고도 무서운 표정으로 허리를 곧장 땅으로 숙여 딸기를 땄다. 그가 주의할 점을 더 알려 주었다. 딸기 열매는 발목보다 약간 높은 위치에 있으므로 허리를 더 깊게 숙일 것, 그리고 손끝으로 딸기의 줄기만 잘라 내야지 절대로 과육을 만져서는 안 된다는 것, 마지막으로 딸기를 딴 다음에는 주변의 상한 이파리를 모두 솎아 내야 한다는 것이다. 이 작업이 모두 끝나면 다시 옆으로 한걸음 걸어가 허리를 굽히고 같은 작업을 반복한다.

작업의 강도가 궁금한 사람은 다리를 벌리고 허리를 굽혀 손끝을 바닥에 닿게 하고 1분만 참아 보면 된다. 곧 내 허리가 남의 허리인 것처럼 아프다. 허리 통증을 막기 위해 쭈그린 자세로 앉아서 작업을 해보는데 이 자세는 쪼그려 뛰기와 오리걸음을 반복하는 것과 같다. 그렇다고 힘들어서 주저앉으면 뒷줄의 딸기가 엉덩이 밑에 깔리니 조심해야 한다. 딸기를 깔고 앉았다가 관리인에게 걸리면 뒷일은 장담할 수 없다. 그때서야 딸기가 정말 낮은 높이에서 자란다는 사실을 알게 되었다. 하필이면 왜 이렇게 바닥에 붙어서 자랄까. 일하는 사람들을 보니 등이 새우를 닮았다. 멀쩡하게 걸어 다니다가도 일만 시작하면 밭에 들어가서 모두 새우등이 됐다.

드디어 아침 6시 30분, 출근 시간이다. 중간 관리자들이 인원을 확인하고, 일하는 사람들은 모여서 불을 쬐고 있었다. 새벽 인력 시장 같았다. 아침 7시, 작업이 시작되었다. 아직 날씨가 쌀쌀하고 딸기는 간밤의 서리에 덮여 있다. 축축한 이랑 사이에는 물이 고인 진창도 있다. 빠지지 않도록 주의하면서 딸기를 땄다. 30분 정도 지나면 이미 다리나 허리는 얼얼해질 정도로 아프다. 그리고 8시 30분을 기점으로 태양이 머리 위로 솟아오른다. 해가 뜨면 35도 이상은 거뜬히 올라가므로, 그때부터는 더위와의 싸움이다. 물을 너무 많이 마시면 화장실을 가야 하므로 목이 말라도 웬만하면 참았다. 농장에는 따로 화장실이 마련되어 있지 않거나, 수확하는 밭과 아주 멀리 떨어진 곳에 있는 간이식 화장실이라 이용하기가 상당히 불편했다. 게다가 밭이 너무 넓어서 화장실에 다녀오면 다시 자기 위치를 찾기 어려웠다.

신참 일꾼들에게는 감시가 심했다. 교육을 담당했던 관리인 브래드가 나를 따라 다니며 상한 잎을 완벽하게 없애라고 계속 지적했다. 먼지 때문에 코가 금세 막혔다. 사람들에게 늘 "곰팡이!"mold!라며 지적했기 때문에 친구들은 그를 '곰팡이 아저씨'라고 부르기로 했다. 등 뒤에서 따가운 감시를 받으면서 밭 사이를 기었다. 밭이랑 사이를 기면서 일하다 보면 앞뒤 사람들과 몇 마디 인사를 하기도 한다. 하지만 잡담 소리가 들리면 어김없이 곰팡이 아저씨가 달려와 불러 세운다. 그리고 미처 정리하지 못한 상한 잎을 흔들며 이렇게 말한다.

"다시 해!"Start again!

똑같이 딸기를 따도 모습이 출신 지역마다 달랐다. 한국·중국·일본 사람들은 긴 옷으로 몸과 얼굴을 가린다. 긴팔과 긴 바지를 입고 살이 노출되는 부분은 수건으로 감아 화상을 막고, 먼지를 먹지 않도록 마스크도 한다. 그리고 긴 챙이 달린 모자 속에서 눈만 빠끔히 내놓고 일을 한다. 반면 서양에서 온 사람들은 옷을 벗는다. 얼핏 보기에도 화상을 입은 것처럼 심하게 탔는데 수영복, 비키니만 입고 있는 경우도 많다. 그중에서도 노출이 많은 사람이 한 명 있었다. 남자들이 눈을 어디에 두어야 할지 몰라 하면서도 흘끗흘끗 그녀를 쳐다보곤 했다. 좁은 밭이랑을 지나가야 하는 상황에서 그 여자가 자기 앞에서 쭈뼛거리는 남자에게 말했다.

"만져 봐도 돼요, 괜찮아요." You can touch me. It's okay.

"아니요, 사양할게요." No, thanks.

이 대화 때문에 주변에서는 웃느라 난리가 났다.

남자들은 반바지 하나만 걸치고 일을 한다. 옷차림은 달라도 사람들과 친해지기는 어렵지 않았다. 이랑과 이랑 사이를 기다가 서로 마주치면 이렇게 물어봐 준다.

"괜찮아요?" Are you okay?

늘 괜찮으냐고, 서로 묻는다.

일은 도시보다 농장 일이 훨씬 힘들다. 하지만 농장에서는 함께 일하는 사람들끼리 도와주고 위로하는 문화가 있었다. 농장에서는 모두가 같은 일을 하기 때문에 상대방이 힘들다는 것을 알 수 있었다. 힘들면 힘들다고 말하고, 물도 나눠 마시고 함께 쉬고 함께 밥을 먹었다. 하지만 시드니에서는 일하는 사람들끼리 서로를 감시했고, 그것이 그들의 역할이었다. 각자 맡은 일만 했으므로 다른 사람의 일에는 관심도 없었고 잘 알지도 못했다. 내가 다녔던 초밥 집에서 내가 이름을 알았던 사람은 딱 두 사람뿐. 하지만 농장에서는 금세 여러 명의 이름을 들었다. 잠깐 마주치는 10초 동안, 이름을 말하고 자기소개를 하고, 괜찮은지 토닥여 주고, 걸리지 않게 소곤거리면서 일꾼들은 그렇게 서로를 돌보았다. 도시에서는 각자 전혀 다른 일을 했고, 다른 사람의 일에 대해 잘 모르므로 서로에게 관심도 갖지 않았다. 일에 적응한 뒤에는 나도 계속해서 사람들에게 물었다.

"괜찮아요?"Are you okay?

"괜찮아요. 고마워요!"Okay, Thanks!

1. 한국에서 출간된 워킹홀리데이 관련 책에서 미리 농장 정보와 연락처를 모조리 찾아서 정리해 둔다. 농장을 찾아가기 전에 미리 전화해 보자. 허탕 치는 경우를 줄일 수 있다.

2. 각 지역의 마을 안내소(Information Center)를 방문해 해당 지역의 농장 목록이나 지도가 있는지 확인한다. 마을 안내소는 원래 관광 안내소이지만 외국인 노동자들이 일자리를 찾아 오는 지역이라면 인근 농장의 정보를 얻을 수도 있다. 예를 들어 캐불처 지역은 농장 위치를 표시한 마을 지도가 준비되어 있었다.

3. 직접 이동하면서 눈에 보이는 농장에 찾아간다. 워킹홀리데이 관련 책에서 공통으로 가장 추천하는 방법이다. 마을은 시내를 중심으로 정방형으로 길이 나 있다. 농장마다 들어가서 주인을 찾아야 하는데, 가끔 사나운 개가 뛰어나오거나 나가라고 욕을 먹기도 한다. 자꾸 다니다 보면 익숙해진다.

4. 한인 중개업자를 통해 일자리를 구한다. 교민 홈페이지에는 농장에서 일할 사람을 모집한다는 글이 늘 올라온다. 일자리를 쉽게 찾을 수 있다는 것은 장점이지만, 보증금을 요구하거나 차량 이용 수수료, 농장 숙소 이용료 등 각종 수수료를 중개업자에게 지불하다 보면 애써 번 돈이 한 푼도 안 남을 수 있다.

5. 전화번호부를 이용한다. 노란색 전화번호부 책은 마을 안내소나 모텔 방에 비치되어 있다. 업종 대분류에서 '농장'(FARM)이라고 표시된 부분의 모든 연락처에 전화해 일자리를 확인한다. 영어로 통화해야 하는 부담이 있지만, 해당 지역에서 발간하는 책이라 가장 확실하다. 마을 안내소에도 전화번호부가 있지만 복사가 안 되니 수첩을 준비해 필요한 연락처를 적어 오자.

Do not speak

딸기 바구니를 수거하는 노란 트럭 위에 빨간 글씨로 "DO NOT SPEAK"라는 글자가 써있었다. 무슨 뜻인지 의아했는데 관리인 브래드에게 걸리는 바람에 곧 알게 되었다. 일할 때 말하지 말라는 뜻이었다. 워킹홀리데이는 영어를 배우러 오는 건데, 말을 하지 말라니.

남아시아에서 온 사람들은 정말 말도 없이 일을 했는데 마치 도인 같았다. 사람이 어떻게 저렇게 말을 안 하고 일을 할 수 있을까 신기할 정도였다. 하지만 대체로 사람들은 소곤거리면서 몰래 이야기를 했다. 잡담은 아니고 화장실은 어디에 있는지, 지금 몇 시인지, 언제 쉬는지, 농장과 가까운 백패커스 호스텔은 어디인지, 일은 몇 시에 끝나는지와 같은 정보를 공유했다. 또한 이 농장에서 몇 달이고 계속 일할 수는 없는 법, 수확기가 지나면 다른 농장으로 옮겨 가야 하는데 어느 농장에 일이

있는지는 워킹들에게 열심히 물어봐야 알 수 있다. 입소문이야말로 가장 정확한 정보이기 때문이다. 그리고 일에도 요령이 있어서 덜 힘든 자세로 오래 일하려면 베테랑들의 조언이 필요했다. 중요한 팁을 배우고 있는데 '곰팡이' 관리인이 나를 보고 "유 코리안!" 하고 소리를 쳤다. 한국에서 본 워킹 광고에는 영어를 배울 수 있다고 대문짝만하게 써있었지만 막상 호주에 오니 워킹은 단순 노동력을 의미했다.

일을 시작한 지 며칠이 지난 후 한국인 두 명이 새로 농장에 들어왔다. 한 사람은 벌써 1년 반째 농장을 돌고 있다고 했다. 농장 초년생인 내가 물었다.

"딸기는 일하기 힘든 편이지요?"

"힘들긴요, 이건 피망에 비하면 아무것도 아니에요. 난이도로 치면, 한 중간?"

또 호루라기를 부는 곰팡이 관리자에게 걸렸다. 몇 마디 나눠 보지도 못하고 다시 불려 갔다. 딸기 따는 일을 중간 난이도라고 말하던 그는 28살이라고 했는데, 새카맣게 그을린 피부 때문인지 나이가 다섯 살은 더 들어 보였다.

관리인의 눈을 피해 가며 다른 나라 말을 몰래 배웠다. 네팔 친구에게는 네팔어, 인도 친구에게 힌디어, 일본 친구에게 일본어. 하지만 공식적으로 이곳 농장은 "두 낫 스피크"Do not speak다.

**아이는
몇 명이야?**

8시쯤부터 해가 본격적으로 뜨거워져서 10시가 되면 정말 더웠다. 11시 무렵에는 정신이 아득해지는데 그때쯤이면 호루라기 소리가 들렸다. 그러자 딸기를 따던 사람들이 모두 딸기를 제자리에 내려놓고 그늘을 향해 달리기 시작했다. 이게 무슨 일인가 싶어 나도 따라서 뛰었는데 알고 보니 점심시간이 시작된 것이었다. 밭에는 그늘이 없어서 점심시간이 되면 좋은 자리를 차지하려고 뛰는 것이었다. 첫날이라 잘 알지 못해 뜨거운 트럭 옆자리에 앉게 되었다. 도시락은 각자 준비해야 한다. 전날 저녁 식빵에 햄이며 채소 몇 가지에 잼을 바른 샌드위치를 만들어 두었다가 가져왔다. 밥을 순식간에 먹고 나서 아무 말 없이 가만히 앉아 있었다. 힘들다는 생각도 나지 않고 그저 멍하게 있기만 해도 좋았다. 어떤 사람들은 그 짧은 시간에 누워서 잠을 잤다. 그때 옆에 앉은 아주머니가 내게 바나나 하나를 건네주었다. 깔고 앉은 의자만큼이나 몸이 작았고, 팔꿈치와 무릎 부분이 닳아 있는 작업 복은 농장 어느 일꾼들의 옷보다 더 농장과 닮아 보였다.

"그거 가지고 되겠어, 하나 더 먹어."

농장에서 일하는 사람들은 거의 20대였는데 아주머니는 나이가 많았다. 3년째 이 농장에서 일하고 있다는 그녀는 베트남에서 왔다고 했다. 키가 작고 허리가 굽어서, 몸을 일으켜도 내 가슴밖에 오지 않은 아주머니를 보니 아궁이 앞에서 밥을 짓던, 그림에서나 보던 우리 옛 어머니들의 모습을 닮았다는 생각이 들었다. 그리고 농활 갔을 때 뵈었던 감자밭의 할머니도 생각났다.

내가 싸온 샌드위치가 부실해 보였는지 과자도 얹어 주었다. 그러더니 내 손에 끼어 있던 반지를 보고는 싱긋 웃었다.

"열심히 일하면 돈 많이 벌 수 있을 거야. 일이 좀 힘들어도, 돈 벌 수 있으니까. 가족들 생각해서 많이 벌어야지."

결혼반지로 오해한 모양이다. 하지만 그렇게 틀린 말도 아니었다. 돈 벌기 위해 농장에 왔으니까. 그래서 그저 "네." 하고 대답했다. 그날부터 아주머니는 나를 정말 잘 챙겨 주었다. 도시락을 잃어버리면 그 소중

한 휴식 시간 10분 동안 같이 찾아 주고, 점심시간에 내가 안 보이면 어디 갔는지 찾아다녔다고 사람들이 전해 주었다.

쉬는 시간이 되면 다들 자리에 주저앉아 담배를 피웠다. 담배 연기가 매웠지만, 피우지 않는 사람들도 애써 다른 곳으로 가려고 하지 않았다. 나는 아주머니 덕분에 담배 연기가 미치지 않는 좋은 그늘 자리에서 보호 아닌 보호를 받았다.

"나이가 찬 여자는 저렇게 남자들하고 어울려서 담배 피고, 살이 다 드러나는 흉한 옷 입으면 안 되는 거야."

손등도 톡톡 두드려 준다. 내 반지를 보고 그냥 고개를 끄덕이는 아주머니.

"그런데, 아이는 몇 명이나 있어?"

농장 떠나는 날까지 사실 결혼도 안 했고 애도 없다는 이야기는 하지 않았다.

재주는 곰이 넘고 돈은 ……

농장에서는 목요일마다 돈을 받았다. 호주는 매주 목요일이 주급을 받는 날이므로 호주의 원칙이 내게도 적용된다는 것, 그것만으로도 기뻤다. 목요일 점심시간이면 관리인들은 입금 내역이 써있는 영수증을 주는데 이것을 페이슬립payslip이라고 한다. 트위스트 브라더스 딸기 농장은 페이슬립을 숙소 단위로 제공했다. 숙소 이름을 부르면 대표자가 페이슬립 뭉치를 가져와서는 이름을 부르고 한 명씩 나누어 주었다. 숙소는

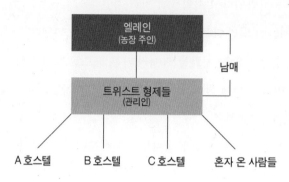

트위스트 브라더스의 딸기 농장

모두 백패커스 호스텔이다. 호명되는 백패커스 호스텔과, 출퇴근 때 사람들을 실어 나르는 호스텔 승합차를 통해, 농장과 연결된 백패커스 호스텔이 네 개라는 것을 알게 되었다. 인종별로 사용하는 호스텔이 조금씩 달랐지만 숙박비는 모두 비슷했다. 이곳은 시내에서 한참 떨어졌고 시설도 좋지 않았지만 숙소비는 시드니 시내 못지않았다. 시드니 시내 백패커스 호스텔의 일주일 숙박 요금은 150달러 정도였는데, 이곳 카불처의 시골 백패커스 호스텔의 일주일 숙박 요금은 140달러였다. 일자리를 소개해 주기 때문이란다.

이런 백패커스 호스텔은 숙박비도 비쌌지만 농장까지 이동하는 차량 이용비를 추가로 내야 했다. 그 비용이 주당 30~40달러 사이였다. 게다가 밥도 본인이 해결해야 했으니 들어가는 돈이 많았다. 농장에서는 돈 쓸 곳이 없어서 돈이 모인다고들 했는데, 그렇지도 않아 보였다. 농장 주변에서 사는데도 기본 생활비는 시드니와 다를 바가 없었다. 허리가 부러져라 일하는데도 돈은 늘 부족했다.

수확기가 되면 농장은 따로 쉬는 날이 없다. 쉬고 싶다면 그날 일을 나가지 않으면 되는데 이 점은 현지인이 운영하는 농장이라서 자유로웠다. 중간 관리자가 있는 농장은 쉬는 날 규정이 엄격해서 쉬지 못하는 경우가 많다. 트위스트 브라더스의 농장은 자유롭게 쉴 수 있는데도 불구하고 사람들은 일주일 내내 쉬지 않고 일했다. 왜 그런지 물어봤는데, 딸기 수확기가 곧 끝나니 일이 없어지기 전에 하루라도 더 벌어야 한다는 것이었다. 그들은 내게 하나같이, 열심히 돈 버는 것도 좋지만 몸이 상하지 않도록 조심하라는 충고를 잊지 않았다. 아마도 자기들이 몸이 상해서 그랬나 보다.

농장 일을 하면서 나는 인간의 몸이란 정말 대단하다고 느꼈다. 첫날 일을 하고 나면 몸이 아예 석고가 된 것 같은데 밭 앞에 가면 또 주저앉아서 일을 한다. 절대 움직일 수 없을 것만 같던 몸이 밭이랑 사이에 들어가면 어느새 딸기를 따고 있다. 일을 6개월 했다는 사람에게 물었다. 오래 하면 아프지 않느냐고.

"계속 아프죠. 일은 하면 아픈 거예요. 오래 일하면, 얼마나 아픈지 미리 예상할 수 있는 것? 그것 말고는 없어요."

고수다운 답변이었다.

우리,
그만할까?

농장 일은 정말 눈물이 찔끔 나올 정
도로 힘들었다. 친구들과의 짧은 대화는 즐겁지만 나머지 시간은 오로
지 뙤약볕과의 사투다. 아무 생각도 없이 딸기를 반복해서 따고 있었다.
다리와 허리가 아프다는 것 외에는 아무 생각도 나지 않았다. 너무 힘들
어서 노래라도 할까 하면 괜히 마음이 서늘해져 눈물이 핑 돌아 노래도
참았다.

숙소에 돌아와서는 점점 말이 없어졌다. 돈이 필요했기 때문에 일을
해야 하지만 몸이 너무 힘들어서 이러지도 저러지도 못하고 시간이 갔
다. 힘들다는 말을 하고 싶지만 이 일을 그만두면 또다시 일자리를 찾아
헤매야 할 것이고, 부족한 생활비 걱정에 선뜻 말을 꺼낼 수 없어 눈치만
보고 있었다. 하루만 더, 하루만 더 하면서 잠을 청했다. 봄에서 여름으
로 넘어가는 시기, 하루가 다르게 기온이 올라갔다. 그날은 평소보다 더
뜨거운 태양 때문에 살이 데인 것처럼 따가웠다. 점심시간에 말없이 싸
온 도시락을 먹고 있는데 누군가 입을 뗐다.

"우리, 그만할까?"

그 말이 떨어지기가 무섭게 나와 친구들은 농장주에게 달려갔다. 딸
기 농장은 수확기가 거의 끝나 가서 농장을 떠나는 사람이 많았다. 일이
줄어들면 농장 쪽에서 '이제 그만 나오라'고 하는 게 아니라 사람들이 눈
치껏 알아서 떠났다. 첫날에는 일하는 사람이 1백 명은 넘어 보였지만
떠나던 날은 절반밖에 남지 않았다. 떠나겠다는 뜻을 전하자 관리인은
별다른 말없이 잘 가라며 인사를 했다. 귀는 홀랑 타고 등은 화상을 입었

는지 따가웠지만 나오는 길은 정말 신이 났다. 밭 끄트머리에 있는 딸기를 따서 주머니에 잔뜩 집어넣었다. 일하면서는 제대로 먹지도 못한 비싼 딸기를 그날 저녁 숙소에 가서 실컷 먹으려고 말이다. 딸기 서리를 잔뜩 해서 나오는데 그동안 고생한 것이 생각나 그렇게 기분이 좋을 수가 없었다.

일할 때의 하늘과 일하지 않을 때의 하늘은 정말 달랐다. 괴롭게 내리쬐던 볕은 쾌청한 볕이 되었고, 구름도 없어 숨을 곳 없이 무덥던 하늘은 이제 맑은 하늘이 되었다. 지평선까지 펼쳐진 푸른 언덕과 주변을 가득 메우는 달콤한 딸기 냄새. 일할 때는 가장 힘들던 곳도 일을 하지 않게 되자 세상에서 가장 아름다운 곳이 되었다. 여행하는 사람들이 보는 호주와 일하는 사람들이 보는 호주는 얼마나 다를까. 일을 그만두고 농장을 나와 잔디 위에 벌렁 누워 찍은 사진을 블로그에 올렸더니 사진을 보고는 한국에 있는 친구들이 "멋지다", "나도 가고 싶다"고 말했다.

숙소에 돌아와서 딸기를 아삭아삭 씹어 먹었다. 그날 뒤로는 마트에 채소 코너를 보면 그렇게 맘이 아플 수가 없다. 딸기도 슬프고 파도 슬프고 감자도 슬프고……. 아, 피망이 제일 슬프다. 피망 따는 게 제일 힘들다고 했었다.

4장

우리는 모두
이주 노동자인 걸

말해도
못 알아듣는데 ······

수리를 맡겼던 차를 찾으러 갈 날짜가 다가와서 타리로 돌아가기로 했다. 딸기 농장에서 번 돈이면 차를 찾고 다음 일자리를 구할 때까지는 지낼 수 있으리라 생각했다. 빅토리아 주에서 뉴사우스웨일스 주를 향해 남쪽으로 내려갔다.

타리에 도착하기 하루 전이었다. 수리 상황을 확인하기 위해 정비사에게 전화를 했는데 엉뚱한 이야기를 들었다. 차를 수리하고 있었는데 보험사의 요청으로 작업을 멈추고 있다는 것이다. 이유를 알기 위해 보험사에 다시 연락을 했다.

"당신들에 대한 정보를 확인하고 있으니 그것이 끝날 때까지는 수리를 할 수 없어요."

어떤 정보인지, 왜 확인해야 하는지, 혹은 수리가 거의 끝날 단계인데 왜 모든 과정을 중지시키고 확인 작업을 해야 하는지에 대한 질문을 하고 싶었다. 천천히 물어보았는데 전화를 받은 사람은 바빴는지 영어 잘하는 사람을 바꾸라는 말만 하다가, 자신이 더 이상 알려줄 수 있는 것이 없다면서 전화를 끊었다. 확인을 하는 것이 원칙이라는 말뿐이었다.

타리에 도착 후 사고가 났던 모텔에 다시 돌아왔다. 모텔 입장에서는 우리를 반길 이유가 없었다. 밤중에 갑자기 차를 화단으로 몰고 들어와 우체통을 박살낸 사람이 뭐가 좋겠는가. 그런데 모텔 입구에 들어서는 순간 주인아주머니는 문밖까지 나와 두 손을 잡아 주었다. 다친 데 없이 잘 다녀왔냐고, 타리에 다시 와서 정말 기쁘다면서 말이다. 얼른 눈을 돌려서 우체통을 확인했는데 여전히 박살난 채로 있었다. 화단도 엉망이고.

아주머니는 다시 만났으니 이번에는 좋은 방을 주겠노라며 가장 큰 방을 제일 작은 방 가격에 내주었다. 좋은 방이기는 했으나 모텔이 워낙 낡아서 방안에는 바퀴벌레가 수시로 드나들었다. 자다 보면 바퀴벌레가 천장에서 떨어지기도 했는데, 얼굴에 수건을 쓰고 자는 방법을 생각해 냈다.

차 수리가 멈췄다는데, 기다리는 것 말고는 할 일도 없어서 모텔 주변을 산책하거나 동네를 구경했다. 볕이 잘 드는 날 모텔 입구로 나가서 주인아주머니 옆에 앉았다. 아주머니는 60대로 혼자 모텔을 운영하고 있었다. 이름은 조반나인데 줄여서 지나라고 했다. 나와 이름이 같다 는 말에 그녀는 수더분한 동네 아주머니처럼 웃었다.

"농장에서 일하려고?"

"네, 벌써 딸기 농장에서 잠깐 일했어요. 너무 힘들어서 그만 두고 돌아왔어요."

168

"나도 젊었을 때는 농장에서 참 많이 일했지. 나는 스무 살에 호주로 왔어. 딸기 농장, 오렌지 농장, 포도 농장, 안 가 본 곳이 없었단다."

"어디가 제일 힘들었어요?"

"음, 오렌지 농장? 바구니가 너무 무거웠어. 딸기도 힘들었지. 허리를 계속 숙여야 하잖아."

딸기 따는 흉내를 내면서 우리는 함께 신나게 웃었다.

아주머니는 꼭 내 또래에 호주로 혼자 왔다고 했다. 젊은 시절에는 농장에서 일하고, 나이 들어서는 시드니에서 식당 일, 청소 일 등을 했단다. 그리고 평생 모은 돈으로 시골 타리에 작은 모텔을 지은 것이다.

"고향에 가고 싶지 않아요?"

"너무 오래돼서, 기억도 안 나네."

보험사에 전화할 때는 영어가 무서웠는데, 이상하게 아주머니와 하는 대화는 몇 시간이 지나도 불편하거나 힘들지 않았다.

그날 저녁에는 아주머니의 부엌을 잠시 빌렸다. 한국 라면을 끓여서 모텔 마당에서 함께 먹었는데, 그녀는 신기한 맛이라며 매워서 계속 물을 마셨다. 원칙대로는 모텔에서는 취사 금지인데 말이다.

무료한 하루를 지내던 사흘째, 자동차 수리가 끝났다는 연락이 왔다. 택시를 타고 단숨에 정비소까지 가서 차를 받고 바로 나가려는 순간, 직원이 나를 잡았다.

"사고 처리 비용 6백 달러를 내야 차를 가져갈 수 있어요!"

어리둥절해 있는 내게 직원이 설명을 하기 시작했다. 본인 잘못으로 사고가 났을 경우에는 사고 접수와 처리 비용에 6백 달러를 지급해야 한다는 것이었다. 사고를 접수할 때 이 사실을 분명히 고지했다고 하는데, 나는 들은 적이 없다. 무슨 소리냐고 물었더니 직원은 난감한 표정을 지으며 보험사와 통화를 했다. 나와 친구들 일행을 흘끔거리며 말했다.

"이 사람들은 처리 비용에 대해 들은 사실이 없다는데요."

"그 사람들 영어 잘 못하니까 아마 못 알아들었을 거예요."

"네, 알겠습니다."

통화 소리가 커서 다 들렸다. 카센터 직원과 보험사의 전화는 그렇게 끝났다. 내가 할 수 있는 일은 친구들의 가진 돈을 모두 털어서 그 돈을 지불하는 것뿐이었다. 전 재산 9백 달러 중에 6백 달러를 주고 나왔다.

출발하는 날 아침에는 주인아주머니가 문밖까지 나와서 배웅을 해 주었다. 이것저것 준비한다고 체크아웃 시간도 넘겼는데 오히려 잊은 것이 없는지 물어보면서 짐을 챙겨 주었다.

"힘내렴. 다음에는 남편하고 같이 신혼여행으로 와. 그러면 우리 모텔에서 가장 좋은 방을 줄게!"

출발 후 친구가 물었다.

"너, 진짜 나중에 여기로 신혼여행 오고 싶어?"

지나 아주머니에 대한 고마움 때문에 잠시 망설였지만, 이내 결정했다.

"절대로 안 와!"

그리피스 포도 농장

___ 두 얼굴의 농장주 알프

타리를 떠난 후 몇몇 도시를 부지런히 찾아다녔다. 하지만 수확기를 정확하게 알 수 없어서 가는 곳마다 일자리가 없었다. 수확기를 알기 위해 다른 방법을 생각해 냈다. 교민 커뮤니티에는 농장 일을 소개시켜 준다는 글이 매일 올라왔는데 이들을 이용하는 것이었다. 전화를 해서 현재 시드니에 있으며 당장 출발할 수 있고 중개 수수료도 바로 지불하겠다고 거짓말을 했다. 그러자 전화를 받는 담당자는 실수였는지, 그 정도는 알려주어도 괜찮다고 생각했는지 어느 지역의 농장으로 간다고 말해 주었다. 내게 연락처를 묻기에 가짜 전화번호와 가짜 이름을 남기고 전화를 끊었다. 중개업자가 알려준 곳은 그리피스, 뉴사우스웨일스 주의 한참 내륙에 위치한 곳이다. 이곳은 오렌지와 포도 농사가 유명하다. 당장 목적지를 이곳으로 돌렸다.

이틀을 달려 그리피스로 들어왔다. 그런데 막상 도착해 다시 이틀이나 걸려 모든 동네를 뒤졌지만 오렌지 농장은 수확기가 아니었다. 일이 하나도 없었다. 다시 허탕을 쳤구나 하는 마음에 길을 터벅터벅 걷는데 멀리서 카우보이모자를 쓴 한 남자가 다가왔다.

"안녕? 날씨가 좋지요? 이 동네 사는 사람들이 아닌 것 같은데."

"일자리를 구하고 있어요. 혹시 이 근방에 일할 농장이 없을까요?"

"보통은 미리 와서 대기자 명단waiting list에 이름을 올려놓곤 하는데, 지금은 일자리가 많이 없어요. 하지만 일단 한번 따라와 볼래요? 친구가 하는 농장이 근처에 있어요."

그는 잘 아는 사람의 농장이라며 나와 친구들 일행을 소개시켜 주었다. 겉으로만 봐도 규모가 굉장히 컸다. 수확기가 아니었기 때문에 대기자 명단에 이름과 연락처를 올려 두었는데, 농장 주인은 오렌지 수확기까지 적어도 2주는 더 기다려야 한다고 말했다. 이곳을 소개시켜 준 카우보이 남자는 일거리가 생기면 먼저 이 친구들에게 연락을 달라고 몇 번이고 부탁을 해주었다. 처음 본 사람인데도 이렇게 부탁까지 해주다니, 낯선 곳에서 만난 친절이라 더욱 고마웠다. 하지만 2주 정도면 생활비가 떨어질 것 같아 그곳에서 농장 일을 마냥 기다리기는 어려웠다. 우리를 도와주었던 남자에게 사정을 솔직하게 말했다.

"2주를 기다리기엔 생활비가 부족해요. 당장 일할 수 있는 곳이 없을까요?"

그는 난감하면서도 미안한 표정을 지었다. 일할 곳을 찾지는 못했지만 가던 길도 멈추고 우리를 위해 여기저기 농장을 다니며 도와준 아저씨의 친절이 정말 고마웠다. 그의 이름은 알프 바스타. 작은 오렌지 밭과 포도밭을 가지고 있다고 했다. 알프는 자신의 농장에 한국 사람들이 일하는데 혹시 만나 보지 않겠냐고 말했다.

알프는 친절한 사람이었다. 알프의 농장에는 한국인 둘이 있었는데 그들은 자신을 월과 존이라고 소개했다. 영어 공부를 하기 위해 호주에 왔기 때문에 최대한 영어를 쓰려고 노력한다는 그들은 한국 이름보다는 영어 이름을 더 자주 썼다. 알프는 우리가 숙소를 찾는다는 이야기를 듣고 월과 존이 머무는 카라반 파크를 소개시켜 주겠다며 우리 모두를 숙소로 데려다 주었다. 그의 배려로 어렵지 않게 저렴하고 위치도 적당한 숙소를 얻을 수 있었다.

딸기 농장을 생각하면 월과 존이 자유롭게 휴식 시간을 갖는 것이 놀라웠다. 딸기 농장에서는 감시 때문에 딴 짓을 할 수 없었고, 호루라기 소리가 나기 전까지는 쉴 수 없었기 때문이다. 하지만 그리피스의 농장주 알프는 일하는 중간 중간 월과 존에게 농담도 하고 장난도 쳤으며, 언제든 앉아서 함께 차를 마시고 노래를 했다.

그날 저녁이었다. 알프는 월과 존, 그리고 나와 친구들 일행이 묵고 있는 카라반 파크로 와서 자기가 농사지은 것이라며 양배추·감자·브로콜리를 가져다주었다. 그 뒤로도 알프는 저녁마다 월과 존을 숙소에 데려다 주는 길에 우리가 먹을 것들을 가져다주었다. 농장 주인이 일하는 사람들을 농장에서 숙소까지 직접 태워다 주다니!

며칠을 더 돌아보았지만 그리피스에도 일자리가 없었다. 마을을 떠나야겠구나 싶어 그동안 많은 도움을 준 알프에게 인사를 하러 갔다. 알프는 우리가 떠난다는 말에 섭섭한 마음을 감추지 못했다. 한참을 고민하던 그는 우리에게 제안을 하나 했다.

"오래 할 수 있는 일은 아닌데, 내 농장에서 포도 묘목을 정리해야 하는 일이 있어요. 2~3일 정도 일을 도와줄 수 있을까? 당신들이 그리피스에 좀 더 머물렀으면 좋겠어요."

알프가 우리와 헤어지는 게 정말 아쉬워서 그런 부탁을 했다고 생각했다. 일을 구하지 못해 조급해 하는 우리를 도와주려고 일부러 일을 만들어 준 것은 아닐까 싶은 생각까지 들 정도로 알프가 정말 고마웠다. 딸기 농장을 떠난 지 한참 만에, 드디어 일을 구하게 되었다.

눈 떠서 출근할 곳이 있다니 얼마나 행복하던지! 그리피스는 내륙 사막이라 밤에는 추웠지만 해가 뜨면 온도가 금세 올라가서 따뜻해졌다. 따뜻한 공기에 자연스럽게 일어나 씻고 아침을 해먹고, 도시락을 쌌다. 오늘은 일하러 가는 날. 작업복을 갈아입은 뒤 일 나갈 준비를 했다. 알프 바스타의 농장은 8시까지 출근이다. 5시 30분에 일을 나갔던 트위스트 브라더스의 딸기 농장보다 훨씬 여유로웠다.

알프 바스타 농장은 포도나무 묘목과 오렌지를 키우고 있었다. 알프는 포도나무 묘목을 다듬는 일을 내게 맡겼다. 크게 어렵지 않았다. 적당한 크기로 이미 잘려진 묘목에 잔가지를 제거하고 가지 3개만을 남기면 되는 일이기 때문이다. 계속 서서 일하거나 앉아서 일하지 않아도 되게끔, 한쪽에는 탁자와 의자가 있었고 작업대도 있었다. 알프는 다리가 아프면 언제든 앉아도 되고, 서서 일해도 상관없다고 말했다. 또한 단순 작업이 지루할까 봐 자신의 트럭에서 노래를 틀어 작업장에 다 들릴 만큼 소리를 크게 해두었다. 농장에서 음악이 나오면 알프와 윌과 존은 익숙하다는 듯이 콧노래를 부르며 일을 했다. 알프는 혹시나 라텍스 장갑이 얇아 손이 가지에 베일까 봐 두툼한 목장갑도 주었다. 딸기 농장에서는 딸기가 상하기 때문에 라텍스만 낄 수 있었는데 말이다.

알프는 상대를 충분히 배려하면서 일했다. 일을 가르쳐 줄 때에는 "나뭇가지를 이렇게 잘라."가 아니라 "나는 주로 나뭇가지를 이렇게 자르지만, 더 좋은 방법이 있으면 그렇게 해도 좋아. 그리고 내게도 알려줄래?"라고 말했다. 그리고 초보인 나와 친구들에게도 잘한다며 연신 엄지손가락을 치켜세웠다. 같이 있기만 해도 유쾌한 아저씨였다. 일하는 중간 트랙터도 타보고 농장 구경도 하고, 알프의 개인 달마티안 스팟spot과도 놀았다. 스팟은 몸에 점이 많아서 그런 이름을 지어 주었다는데, "스팟!" 하면 안 오고 발음을 한껏 꼬아서 영어처럼 "스돠앗!" 해야 아는 체를 했다.

두 시간가량 일하다 보니 금세 점심시간이 되었다. 각자 싸온 도시락을 함께 펼쳐 놓고 밥을 먹었다. 알프는 모두에게 커피를 타주고 집에서 싸온 이탈리아식 살라미와 디저트 빵을 대접했다. 그는 이탈리아계 이민자였는데 그의 아버지가 처음 호주로 건너왔다고 한다. 알프의 아버지는 허허벌판이던 사막 땅 그리피스에서 처음 농사를 지으며 이곳 생활을 시작했고 아들도 그 땅에서 농사를 짓고 있었다.

"내 사무실 멋지지? 나는 내가 일하는 곳이 세상에서 제일 멋있다고 생각해. 저기 지붕 좀 봐."

"지붕이 어디 있는데요?"

"여기 있잖아. 하늘!"

이런 식이었다.

알프는 작은 규칙으로 사람들을 통제하고 얽어매던 다른 작업장 관리자들과 달랐다. 호주에서 일했던 곳에서는 모두 자신들만의 기준이 있었다. 아마도 스스로 생각했을 때 가장 효율적인 방법이었을 것이다. 하지만 지켜야 할 규칙이 너무 세세해지면서 일을 위해 규칙을 따르는 게 아니라 규칙을 따르기 위해 일을 하는 것 같았다. 칼을 잡을 때 몇 번째 손가락이 반드시 앞으로 나와 있어야 한다거나, 수박은 반드시 삼각형 모양이어야 한다거나, 롤을 말 때는 두께가 손가락 마디 몇 개에 오도록 해야 하고, 딸기를 딸 때는 엄지와 검지만 사용해야 한다는 것 등이 그것이다. 규칙은 규칙으로 끝나지 않았다. 규칙을 가르치고 배우면서 위계와 텃세가 생기고 숙련도에 따라 권력이 생겼다. 관리자이기 위해, 매니저이기 위해, 그리고 몇 개월 일했는지에 따라 나뉘는 서열을 지키기 위해. 설거지를 할 때도 순서에 맞춰야 했다. 일의 효율을 위해 만든 원칙이었을 텐데 절대 깨서는 안 되는 금칙처럼 보였다. 규칙 사이에서 숨도 쉬지 못하고 일했던 시드니. 그러나 알프 아저씨는 달랐다. 그의 배려 덕분에 나는 그가 조언해 준 방법이 가장 효율적이라는 것을 자연스럽게 이해하게 되었다.

오후에도 가지 솎기가 계속되었다. 서늘한 그늘 아래서 노래를 하며 일하니 시간이 정말 빨리 갔다. 손이 건조하면 주변에 있는 알로에를 잘라서 핸드크림으로 썼다. 자연 속에서 건강해지는 것 같았다. 벌써 하루가 저문다. 알프 아저씨의 농장에서는 '퍼킹 나인'Fucking 9이 없었다. 딸기 농장에서는 누군가 시간을 물어보면 "퍼킹 나인! 퍼킹 텐!" 하면서 알려

주곤 했다. 9시라는 말을 듣고 수십 개의 "퍽!"Fuck! 소리와 한숨이 동시에 들리는 진기한 광경! 아직 일을 시작한 지 두 시간밖에 되지 않았다니 눈 앞이 다 아득할 지경이었다. 딸기 농장에서 겪었던 이런저런 시간을 떠올리며 알프 농장의 일을 마무리했다. 그날 저녁은 컨테이너 앞에서 옆 집의 윌과 존을 초대해 함께 카드놀이도 했다. 오랜만에 행복한 저녁이었다.

다음날은 윌과 존과 함께 장을 봐서 식사를 같이 하기로 했다. 그리 피스에 3개월도 넘게 있었다니 한국 음식은 많이 못 먹었을 것이 분명했다. 된장찌개도 끓이고 고기도 굽고, 캠핑 온 것처럼 배부르게 먹고 게임도 하고 와인도 마셨다. 하늘은 정말 맑았고 별이 쏟아진다는 게 뭔지 알 것 같던 저녁이었다. 윌과 존은 너무 오랜만에 만난 한국 사람들이 반가워 그동안 지냈던 이야기를 술술 풀어냈다.

"알프 참 좋죠? 여기 와서 영어도 많이 늘고, 일도 많이 힘들지 않아 참 다행이에요."

윌은 3개월을, 존은 한 달을 알프와 함께 일했다고 한다.

"알프가 정말 좋은 사람이에요. 딱 하나만 빼고."

"뭔데요?"

"돈을 안 줘요."

"에? 설마!"

"제가 일 시작한 지 3개월 됐잖아요. 그런데 아직 그동안 일한 돈 다 못 받았어요. 그냥 제가 쌀 떨어졌다, 돈 하나도 없다고 계속 말하면 그 때 주머니에 있는 돈을 조금씩……. 그렇게 줘요."

월은 그 말도 너무 덤덤하게 했다. 앞에서도 말했지만, 호주는 월급이 아니라 주급제로, 모든 임금은 일주일에 한 번 목요일에 지급하는 것이 원칙이다.

내가 처음 일을 시작했을 때 알프는 일이 많지 않아 시급을 많이 줄 수 없으니 12달러만 주어도 괜찮겠냐고 양해를 구했다. 일 시작하기 전에 시급부터 말하는 게 기본이지만, 한국에서 아르바이트를 할 때 이렇게 시급을 먼저 챙기는 경우가 많지 않았으므로 분명하게 말하는 알프에게 신뢰가 갔다. 최저임금에는 못 미쳤지만 시드니에서 받던 시급 9달러보다는 훨씬 높았다. 게다가 시드니에서는 견습 기간에는 그마저도 절반인 5달러였다. 12달러는 남자들만 할 수 있는 새벽 건물 청소나 건축 보조 일뿐이었다. 그러니 시급에 대해서는 불만을 갖지 않았다. 또한 계약서를 쓰지는 않았지만 알프는 농장 노동자들이 일하는 시간을 기록하는 공책에 내 이름을 적고 일한 시간을 기록해 두었으며, 그 기록을 내게도 보여 주며 확인을 구했다. 사람도 좋지만 일하는 시간을 꼼꼼하게 기록하는 모습에 더 믿음이 갔던 것도 사실이었다. 그런데 그가 돈을 주지 않다니, 에이 설마.

하지만 월은 알프와 영어로 대화를 많이 할 수 있으므로 이곳에서 계속 지낼 계획이라고 했다. 그리고 "언젠가는 돈을 주겠지요."라는 말을 덧붙였다.

월이나 존과는 달리 나는 3일만 일했으니 적은 돈이었고, 돈을 달라고 정확하게 요구하면 줄 것이라고 생각했기 때문에 크게 걱정하지 않았다. 일한 임금을 받지 못하리라고는 상상도 하지 못했다. 다만 만약의 사태에 대비해 농장에 대한 증거를 수집하기 시작했다. 농장주와 같이 사진을 찍고, 그의 농장 주소가 달린 포도 가지 상표를 하나 챙겨 두고, 그의 집 전화번호와 휴대폰 번호도 확인해 두었다. 알프에 대한 의심과, 의심을 하는 내게 계속 잘해 주는 알프 때문에 죄책감이 뒤섞였다.

약속했던 3일간의 일이 끝났다. 그리피스를 떠나려 한다고 말했더니 알프는 타고 온 차를 이리저리 봐주기도 하고 가는 길에 먹으라며 호박과 감자를 안겨 주었다. 그러고는 포도 묘목들을 팔아야 현금이 생기는데 지금 당장은 돈이 없으니 3일 후에 묘목을 팔아서 바로 돈을 넣어주겠다고 말했다. 계좌번호를 먼저 적어 달라고 하는 말에 설마 알프가 정말 돈을 안 줄까 싶었다. 하루라도 빨리 다음 일자리를 구해야 했으므로 마을에서 더 머물 수 없어 알프를 믿고 그리피스를 떠났다.

다 같이 포도 가지를 정리해서 트럭에 실었으니 그가 포도 가지를 팔아야 한다는 말을 의심하지 않았다. 알프는 농장 입구까지 따라 나와 손을 흔들며 작별 인사를 해주었다.

그리피스를 떠난 며칠 후 차가 문제를 일으켰다. 엔진 온도가 치솟아 올라 냉각수가 몇 번을 폭발했고, 그 사이에 배터리와 시동모터가 망가졌다. 낡은 차로 너무 많은 거리를 달려서 그럴 것이다. 수리비가 만만치 않게 나왔으므로 알프에게 전화를 했다. 이미 그가 약속한 3일은 훨씬 지나 있었다. 세 명이 3일간 일했던 임금을 달라고 했으나 그는 말을 이리저리 피했다.

"다친 사람은 없고? 다행이다. 그래, 돈은 내가 생기는 대로 보내 줄게."

그 돈은 앞으로 3개월 넘게 생기지 않았나 보다. 나는 그리피스를 떠난 이래로 3일에 한 번씩 알프에게 돈을 달라고 전화를 했고, 알프는 한 달쯤이 지나자 아예 전화를 받지 않았다. 알프 농장에서 일하던 존은 돈을 받을 가망이 없어 보인다며 자비를 들여 그리피스를 떠났고, 윌은 끝까지 버티다가 쌀을 살 돈도 떨어지면서 결국 한국에서 돈을 송금 받아 그곳을 떠났다고 했다.

임금 체불
신고하기

　　　　　　　　　　알프 바스타가 주지 않는 돈의 총액수
는 한 사람당 20만 원씩 세 명의 임금 60만 원이었다. 여러 차례 독촉을
했으나 돈을 줄 기미가 보이지 않아 법대로 신고를 해서 돈을 받기로 했
다. 체불임금을 담당하는 부서는 노사관계부인데, 동사무소에 해당되는
카운실에 가면 사무실이 있다. 소액이라면 노사관계부 직원의 중재를
통해 합의할 수 있지 않을까 해서 먼저 직원에게 도움을 청했다. 그녀는
차분하고 똑똑하게 알프 바스타에게 일주일 이내에 임금을 지급할 것을
요구했다. 알프는 이미 몇 달간 계속된 임금 독촉에 화가 잔뜩 나 있었나
보다. 그는 직원에게 호통을 쳤다.

"신고? 할 테면 해봐! 난 한 푼도 없으니까!"

소액이었기 때문에 돈을 주리라 예상했으나 알프가 당당한 태도를
보이자 직원이 오히려 당황을 했다. 알프와 통화한 노사관계부 직원은

얼굴이 빨개지면서 내게 사과를 했다.

"호주에서 이런 일을 겪게 해서 미안해요. 당장 신고하죠!"

신고를 하기 전에 서면으로 임금을 지급해 달라는 내용증명을 보낸다. 내용증명은 우체국에서 보내면 된다. 다만 문서로 증명을 해야 하므로 이메일이나 우편으로 최종 임금 지급 신청을 한 뒤에 사본을 반드시 가지고 있도록 한다. 일주일 이내에 미지급 임금을 모두 정산해 달라고 요청한 후에도 임금이 지급되지 않으면 그때부터 신고 절차를 진행할 수 있다. 절차는 그렇지만 나는 우편을 따로 보내지 않은 채 바로 신고를 진행했다. 별도의 절차가 있는지 등은 노사관계부에서 안내를 받도록 하자.

정리하면 이렇다. 카운실에 가서 노사관계부를 찾는다. 신고는 '클레임'claim이라고 하는데, 클레임을 담당하는 직원에게 자초지종을 설명한 뒤 임금 미지급 신고를 하고 싶다고 이야기하면 작성해야 할 서류를 주거나 인터넷으로 작성할 수 있도록 안내해 준다. 혼자서 작성하기가 어렵다면 직원에게 도움을 요청한다. '한 푼도 줄 수 없다'면서 소리 지르는 농장주인 알프 바스타의 말을 들은 사무소의 담당자 버니타 그린은 마치 자기 일인 양 화를 내면서 발 벗고 내 신고를 도와주었다.

신고를 할 때는 사업장과 사업주의 정확한 이름, 정확한 주소·전화번호가 필요하다. 사업장 등록 번호를 알아야 하는데 등록 번호를 알지 못해도 사업장 이름과 주소가 있으면 노사관계부에서 검색이 가능하다. 일을 시작하기 전에 자신이 일할 농장이나 가게의 정보를 확인하는 것이 좋지만 일할 사람들에게 그런 정보를 제공하는 곳은 거의 없다. 따라서 스스로 자신이 일하는 곳의 정보를 모아야 한다. 상품에 붙어서 나가는 상표, 주인의 집 주소를 확보해 놓자. 고용주가 휴대폰 번호만 가르쳐 준다면 집 전화번호도 알려 달라고 한다. 휴대폰 번호는 자주 바뀔 수 있지만 이사를 잘 가지 않고 한 곳에 오래 사는 농장 지역 사람들에게는 집 전화번호가 유용한 본인 확인 수단이 된다. 일을 했다는 것을 증명하기 위해 고용주와 함께 사진도 찍고 일하는 장면도 찍어 두고, 함께 일했던 사람들의 연락처도 파악해 두면 좋다. 동료가 워킹밖에 없었다면 이웃에 사는 호주 시민권자들에게 자신이 일을 하고 있음을 알리고 증인이 되어 달라고 요청해야 한다. 당시 머물던 카라반 파크의 주인에게 우리가 알피오 바스타의 농장에서 일하고 있다는 사실을 미리 일러두었다. 나는 알프 바스타와 통화한 내역을 녹음해 두었는데, 녹음한 내용은 증거로 사용될 수 없다고 하니 녹음보다는 서면 증거를 만들어 두자. 나는 알프 바스타 농장에서 묘목에 붙어 나가는 상표를 가져온 것이 큰 도움이 되었다. 노사관계부에서 농장 명칭을 넣어 검색하면 사업장 번호ABN를 알 수 있기 때문이다.

신고하고자 하는 내용을 분명히 해야 하므로 위반 항목을 구체적으로 정리한다. 사용자가 고용을 한 후에는 소득세를 원천징수해야 하는데 세무서에 고용 사실을 신고하지 않고 현금으로 임금을 바로 주는 것은 노동법 위반이다. 즉 캐시잡은 모두 신고 대상인 것이다. 최저임금을 지키지 않은 점, 휴일 근무에 초과 수당을 지급하지 않은 점, 하루 8시간 이상 일했는데 추가 시간에 초과 수당을 지급하지 않은 점 등을 모두 기록한다. 만약 토요일과 일요일, 하루에 8시간을 일했고 업주와 시간당

10달러를 받기로 계약했다면 160달러에 대해 신고하는 것이 아니라, 주말 수당을 합친 금액을 신고한다. 호주는 주마다 최저임금과 추가 수당 비율이 다르다. 노동청에 가면 주별 최저임금 표를 볼 수 있다. 최저임금만 보지 말고, 업종별 최저임금 표가 있으니 이를 참고하도록 한다. 모든 산업을 업종별로 분류해 놓았는데, 해당 업종의 최저임금을 적용하면 전체 최저임금보다 높다. 한국에서는 최저임금이 마치 임금 적정선처럼 생각하게 되는데, 최저임금이란 그것 이하로 지급하면 처벌받는다는 의미라는 사실을, 이렇게 최저임금보다 높은 직종별 임금 기준을 보면서 새삼 깨달았다. 자신이 했던 일이 어떤 직종에 들어가는지, 지역 노동청에서 확인하도록 하자.

신고를 하면 제출한 자료를 바탕으로 담당 직원들이 사실 조사를 한다. 신고된 주소지로 가서 고용주를 만나고 고용한 사실이 있는지 확인하는 절차를 거친다. 사실 확인을 위해 신고자에게 중간에 계속 연락이 오므로 호주에 있다면 전화를 잘 받도록 하고 그렇지 않다면 이메일을 반드시 남기도록 한다. 처리 기간이 길어서 그 사이에 귀국을 하게 되더라도 이메일을 통해 절차를 진행할 수 있다. 귀국하기로 마음먹었더라도 반드시 체불임금을 신고하고 귀국하자. 신고 후 절차가 진행되는 데에는 최소한 석 달 혹은 그 이상이 걸린다는 점을 미리 염두에 둔다. 돈을 받기 위해, 호주에서 사용했던 은행 계좌를 그대로 둔 채 돌아왔다. 호주 은행 계좌는 유지비 명목으로 매달 일정 수수료가 차감되니 잔고를 조금이라도 남겨 두도록 한다. 한국에서 잔고를 확인할 수 있도록 인터넷 뱅킹에 가입해 두는 것도 잊지 말자.

호주 은행의 돈을 한국은행으로 받아야 하는데 자신이 현재 호주에 없다면 은행에 이메일을 보내 방법을 문의할 수 있다. 잔고를 모두 한국은행으로 이체시키고 계좌를 닫으려 한다고 밝히면 은행에서 본인 확인을 위해 개인 정보를 요구한다. 본인임을 증명할 수 있는 여권 번호를 동봉해 보내면 잔고는 모두 한국은행으로 입금된다. 단, 은행과 은행 간의 환전 수수료가 상당히 높다는 것을 명심하자. 20만 원을 이체했는데 한국에서 받은 것은 10만 원이었다. 체불임금을 받아 냈다는 데 의의를 두기로 했다.

신고 절차가 진행되고 약 석 달 후, 중간 중간 고용노동청에서 알프 바스타에 대한 조사 결과를 보내왔다. 직원이 실사를 위해 알프에게 몇 번 찾아갔다고 한다. 그리고 얼마 후 알프는 나의 호주 계좌에 체불임금 2백 달러를 보내왔다. 뒤이어 담당 부서로부터 담당자가 농장에 몇 차례 더 찾아가 봤으나 신고된 주소에 알프 바스타가 더 이상 살지 않는다는 소식을 전해 왔다. 한 해를 넘기고, 다시 봄을 맞고 나서야 받은 3일치 임금. 일한 지 6개월 만에 받은 내 임금이었다. 돈도 못 받고 3개월 넘게 일했던 월과 존이 생각났다.

호주에서 일하는 사람들은 세 단계 규정을 적용받는다. 우선, 호주 내 모든 노동자는 기본적으로 국가 고용 기준(NES: National Employment Standard)의 적용을 받는다.[●] 둘째, 국가에 등록된 직업군은 모던 어워드(Modern Awards)라는 규약을 적용 받는다. 어워드는 산업별로 산별노조와 사용자단체가 협의해 만든 기준으로, 산업별·직종별 최저임금·고용유형·근무시간·휴식시간 등을 규정하고 있다. 여기에 속하지 않는 직종이라면 기타 어워드(Miscellaneous Award)를 적용 받을 수 있다. 셋째, 해당 사업장 단위에서 노조나 개인이 사용자와 개별적으로 맺은 협약(agreement)이다. 노동법이 개정되어 사업장 단위에서 개별 협약이 가능해졌기 때문이다. 국가 고용 기준보다는 어워드가, 어워드보다는 협약이 우선한다.

최저임금

1차로 협약이나 어워드에 따른 임금을 지급해야 하며, 협약이나 어워드가 적용되지 않는 경우에도 국가 고용 기준이 정한 연방 최저임금 이상은 지급해야 한다. 임금은 보통 매년 7월 1일에 인상된다. 먼저 그해 발표된 연방 최저임금을 확인하고, 자신이 일하는 분야가 모던 어워드에 포함된다면 그에 따른 최저임금을, 노조가 있어서 협약이 체결된 기업이라면 그에 따른 최저임금을 확인한다. 대개 연방 최저임금보다는 산별 협약에 의한 최저임금이 더 높다.

● 모든 노동자가 제공받아야 하는 최소한의 혜택 10가지가 규정되어 있다.
http://www.fairwork.gov.au/employee-entitlements/national-employment-standards.

앞서도 말했지만 워킹홀리데이 일자리는 기간 제한 때문에 정규직으로 근무할 수 없으므로 임시직으로 분류된다. 임시직은 주당 최저 근로 시간이 보장되지 않고 정규직과 달리 장기 근무에 따른 휴가 등의 혜택을 받지 못하므로 최저임금과 별도로 추가 임금(casual loading)이 지급된다. 추가 임금은 직종별·산업별로 조금씩 다르지만 규정된 최저임금보다 약 20~33퍼센트가 가산된다. 그러나 이런 원칙은 모두 텍스잡인 경우에만 해당된다는 점이 중요하다. 안타깝게도 캐시잡인 '워킹'은 최저임금도 보장받지 못하는 경우가 대부분이다.

패스트푸드 산업 최저임금 계산하기

호주의 최저임금은 산업별·직종별로 다르지만 근무 환경이나 상황에 따라서도 다르다. 각종 상황들(토요일, 일요일, 추가 근무 2시간째, 추가 근무 3시간째 등)에 맞게 경우의 수를 자세히 나눠 임금을 규정하고 있는데, 워킹이 할 만한 대표적인 일자리로 패스트 푸드점의 경우를 살펴보자. (레벨1의 일자리를 기준으로 작성했다. 레벨 1은 숙련도가 가장 낮은 일로, 주문 받기, 요리하기, 판매하기, 서빙과 음식 배달 등이다. 숙련도가 올라갈수록 시급이 높아진다.)

항목	풀타임/파트타임(달러)	임시직(달러)
임금(월-금) 주당	주당 703.90	-
시급 환산 시	시간당 18.52	23.15
야간 근무(월-금) 오후 9~12시	20.37	25.00
야간 근무(월-금) 자정 12시~새벽 6시	21.30	25.93
토요일	23.15	27.78
일요일	27.78	32.41
공휴일	46.30	50.93
추가 근무(최초 2시간)	27.78	-
추가 근무(최초 2시간 이후부터 2시간)	37.04	-
일요일 추가 근무	37.04	-
공휴일 추가 근무	46.30	-

수당(allowances) 규정

- 냉동 창고 업무: 시간당 0.26달러 추가＋0도를 기준으로 온도가 1도씩 낮아질 때마다 0.39달러 추가
- 유니폼 세탁비 : 풀타임 6.25(주당), 파트타임·임시직 1.25달러(교대 시마다)
- 식비: 한 끼에 11.99달러, 추가 4시간 근무 이후마다 식대 10.82달러
- 유니폼 비용: 구입 및 교체 비용은 사용자가 지급
- 이동 비용: 지정된 근무지가 아닌 다른 곳에서 근무해야 할 때

  월~토: 집에서 다른 근무지까지 가는 이동 비용에 대한 최저임금 지급

  일요일·공휴일: 이동 시간에 대한 최저임금＋50%의 가산 임금

  차비 지급
- 차량: 자가 차량 사용 시 킬로미터당 0.78달러 지급
- 배달: 킬로미터당 0.41달러 지급

최저임금 등 노동법의 준수 여부를 감시하고 위반자를 적발하는 기관은 연방 정부 기관인 페어 워크 옴부즈맨이며, 노동분쟁은 공정노동위원회(Fair Work Commission)라는 독립 위원회에서 관할한다. 페어 워크 옴부즈맨은 노동자나 노조에 의한 이의 제기 외에도 정기적으로 자체 감독을 실시해 위반 여부를 조사한다.

페어 워크 옴부즈맨 전화번호: 13 13 94
- 통역 서비스 : 13 14 50(시내 전화 요금으로 24시간, 주7일 연결된다)
- 청각·언어 장애 지원 1800 555 677

백패커스 호스텔의 비밀
___ '웨이팅' 주의!

호주는 해안가 위주로 마을이 발달했다. 워킹홀리데이 관련 책이나 수기를 보면 농장 일을 이렇게 나누기도 한다. 남들이 많이 가는 곳, 해안가의 큰 도시들은 일을 구하기는 쉬우나 돈을 많이 안 주고, 사막 내륙 지역이나 작은 마을은 일자리는 적지만 워킹이 많지 않아 돈을 많이 주는 일이 있다고 말이다. 글만 봤을 때는 남들보다 좀 더 노력하면 돈을 벌 수 있을 것 같았다. 큰 도시에서 쉽게 일을 구하려 하지 말고 힘든 지역으로 가야겠다고 마음먹고는, 일이 힘들고 어렵다는 사막 마을, 작은 마을, 한국인이 잘 가지 않는다는 마을을 열심히 찾아다녔다. 하지만 일이 없었다. 사막은 온도가 너무 높아서 차만 자꾸 고장 나고 소득이 없었다. 그래서 이번에는 남들이 가는 곳을 가기로 했다. 농장으로 유명한 도시 번더버그Bundaberg가 목적지였는데 워킹 관련 책에 어김없이 소개되어 있었다. 번더버그는 북쪽에 위치한 빅토리아 주의 중간쯤에 있는 해안 도시로 토마토가 유명하다고 한다. 빅토리아 주는 적도에 좀 더 가까워서인지 초봄에도 정말 더웠다.

번더버그에 도착하자마자 농장에서 일하는 사람처럼 보이는 이들이 많았다. 얼마나 탔는지 붉은 기도 없어지고 아예 새카매진 얼굴, 총기 없는 눈빛, 그리고 허리를 짚고 조금 어기적거리면서 걷는 모습……. 농장 노동자가 확실하다. 유령이 걸어 다니는 것 같기는 하지만, 그래도 일하는 사람이 많다는 것은 이곳에 분명히 일자리가 있다는 뜻이다. 혹시 근처 농장 정보를 얻을 수 있지 않나 싶어서 지나가는 사람들에게 말을 걸어 보았지만 별 대답 없이 지나치는 사람이 반, 영어를 아예 못하는 사람이 반이었다. 번더버그의 첫인상은 차가웠다.

번더버그에 찾아갔을 당시 일자리를 소개시켜 주는 백패커스 호스텔이 세 군데 있었다. 카불처의 딸기 농장에서는 백패커스 호스텔을 통해 일자리를 소개받는 사람들을 많이 봤으므로 이번에는 백패커스 호스텔에 부탁해 보기로 했다 백패커스 호스텔이란 원래는 여행자들이 잠시 묵어가는 일반 숙소인데, 농장 지역에서는 일자리와 연계해 일꾼을 보내 주고 숙소를 제공하는 방식으로 많이 운영한다. 일을 하게 되면 오래 머물러야 하니 호스텔의 상태를 직접 확인해야 할 것 같아서 답사를 가기로 했다. 농장 지역 백패커스 호스텔들은 도시와 달리 쥐가 복도를 가로지르는 곳도 있으니 말이다. 이번에는 아무리 숙소가 나빠도 일을 준다면 한번 지내 봐야겠다고 단단히 마음먹고 탐방을 나섰다.

첫 번째 호스텔, 현재 대기 인원이 7~10명 있으니 2주 안에 일할 수 있으리라는 답을 들었다. 방은 더러웠다. 두 번째 호스텔은 첫 번째 숙소

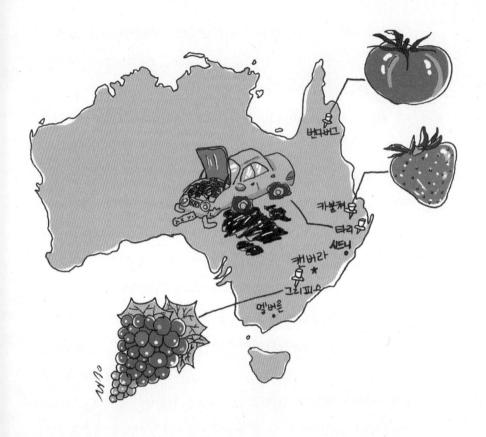

보다 더욱 더러웠다. 일을 언제 할 수 있을지는 확답할 수 없지만 대략
일주일 이상이 걸릴 것이라고 대답했다. 세 번째 호스텔은 빨간 벽돌집
이었다. 이곳도 마찬가지로 대기 인원이 7명가량이고 일은 일주일 이상
기다려야 한다고 대답했다. 신기하게도 세 호스텔 모두 대기 인원이
7~10명이며 일자리를 얻으려면 한결같이 일주일 이상 기다려야 한다고

192

말했다. 처음에는 이상하다는 생각도 하지 못한 채, 조건이 모두 같다면 가장 깨끗한 세 번째 호스텔에 숙소를 잡는 것이 좋겠다고 판단해 그곳을 다시 방문했다.

안내 데스크에 호스텔 구경을 하고 싶다고 말했고 남자 관리원을 따라 건물 안으로 들어갔다. 내부는 깔끔했다. 몇몇 사람이 로비에서 텔레비전을 보고 있고 한 남자가 책상에서 공부를 하고 있었다. 그동안 봤던 호스텔 중 가장 깨끗해 보여서 이곳에 묵겠다고 말을 하니 여기는 방이 없으며, 너희가 진짜 머물 곳을 다시 보여 주겠다고 했다.

길을 건너면 이 호스텔 소유의 다른 건물이 나오는데 노란색 페인트가 군데군데 벗겨진 낡은 곳이었다. 입구에서 쥐 한 마리가 달려 나와 반대쪽으로 빠르게 사라졌고 쥐 옆에서 한 여자가 밥을 먹고 있었다. 구경을 시켜 주던 관리인 남자는 창가에 널어놓은 빨래를 보더니 화를 내며 밖으로 내던져 버렸다. 주변에 앉아 있던 사람들은 관리인이 소리를 질러도 신경 쓰지 않았다. 관리자가 빨래에 정신이 팔려 있는 사이, 한국인으로 보이는 사람 두서넛이 내게 다가왔다.

"한국 분이세요?"

"네."

"아, 저, 그럼……."

그들이 내게 말을 걸자 관리인은 인상을 쓰면서 그 사람들을 쫓아 버렸다. 얼이 빠진 느낌으로 호스텔 구경을 마쳤다. 깨끗한 벽돌집, 맞은편의 낡은 건물, 그리고 험상궂은 관리자, 지나간 쥐. 일단 호스텔 밖으로 나가서 며칠 묵어야 하나 말아야 하나 고민을 하고 있는데 마침 한국말을 하는 사람들이 지나갔다. 호스텔로 들어가고 있기에 재빨리 그들을 붙잡았다.

"여기 백팩에서 지내세요?"

"네. 여기 한 3주 정도 있었어요."

한국 사람을 만나 반가운 마음에 여러 가지를 물어보았다.

"여기 일자리는 잘 연결해 주나요?"

"일이요? 일 안 줘요. 여기 번더버그에 있는 백팩커스 호스텔 중에서 일 제대로 연결시켜 주는 곳은 하나도 없어요. 일을 하도 안 줘서 왜 자꾸 안 주느냐고, 더 이상 머물지 않겠다고 하면 그때 잠깐 주거든요. 그래도 이틀이나 삼일? 그러고는 또 일이 없어요. 그래도 백인들은 간간히 일을 하는데 우리는 더 안 주더라고요. 왜 안 주냐고 물어보면 너희는 영어 못해서 안 준다고도 해요."

"일도 안 주는데 왜 여기 계속 있는 거예요?"

"백패커스 호스텔에는 그래도 영어 하는 사람들이 많이 있잖아요. 외국 사람들과 얘기도 좀 하고 영어 하려면 여기라도 있어야죠. 돈이 당장 급하지만 않다면 놀고 지내기 괜찮아요."

그녀는 지난 한 달간 일주일도 일하지 않았다고 했다.

지방의 백패커스 호스텔들은, 시드니나 브리즈번 같은 도시와 달리 여행자들이 많지 않으니 농장과 연계해야 손님을 확보할 수 있을 것이다. 하지만 농장마다 작황기가 다르니 일이 없는 기간에는 일꾼을 잡아 두기 어렵다. 그래서 백패커스 호스텔은 일정한 숙박 인원을 확보하기 위해 사람들을 붙잡아 둔다. 어디를 가나 7~10명의 대기자가 일을 기다리고 있고, 일주일 이상 최대 2주일 안에 일자리를 찾을 수 있다고 말한다. 방값은 2주 단위로 결제할 때 더욱 싸고, 그 전에 방을 뺀다 해도 환불은 없다. 그러니 사람들은 2주 단위로 방을 결제하고 계속 일을 기다린다. 일을 하는 것도 아니고 안 하는 것도 아닌 애매한 상황에서 백패커스 호스텔에 묶여 있는 것이다. 다시 짐을 꾸려 다른 도시로 가려면 시간과 비용이 많이 들기 때문에 속는 셈 치고 그냥 머무는 사람이 많았다. 백패커스 호스텔은 이 점을 이용해 돈을 벌고 있었다.

'웨이팅'waiting은 백패커스 호스텔에만 있는 것이 아니었다. 농장에 직접 찾아간다 해도 수확기까지 대기해야 한다. 농장 일 구하는 팁을 이곳저곳에서 말하고 있지만 그 가운데 반만 맞고 반은 틀리기 때문에 어떻게 하라고 단호하게 말할 수가 없다. 정말 운이 좋기를 바라는 수밖에.

백패커스 호스텔을 통해 일을 얻기로 한 계획은 실패했다. 어쩔 수 없이 다시 농장을 돌고, 농장마다 연락처가 적힌 쪽지를 남기고, 길에서 만나는 사람마다 일자리를 부탁하기로 했다. 여전히 허탕을 치며 다니던 3일째 낮, 슈퍼 앞에서 한국인을 만났다. 이름이 '영주'라고 했다. 일을 구하고 있다고 말하니 마침 그의 농장에 일할 사람이 필요하다고 했다. 그렇게 슈퍼 앞에서 아이스크림을 먹다가 일을 구했다.

영주 씨가 일하는 농장에 함께 가서 농장 주인을 만났다. 그녀는 대뜸 이렇게 물었다.

"농장에서 일해 본 경험 있어? 토마토는 따 본 적 있어?"

얼결에 그렇다고 대답했다. 몇 주를 허탕 치며 일자리를 찾아 헤맸는데 아니라고 대답할 사람이 있을까? 일을 구하기 위해서라면 무엇이든

할 수 있을 것 같았다. 세금 신고도 되는 합법적인 농장이니 최저임금 이상은 받을 것이라는 기대도 했다. 번더버그에 도착한 지 나흘 만에 일자리를 찾았다. 일을 구할 수 있는 공식적인 방법들은 모두 무용지물이었다. 그리고 이번에도 일은 '운'으로 잡았다. 순전히 운으로!

바사카
토마토 농장

스스로 일을 구하게 되어 몹시 기뻤지
만 번더버그에서 영주 씨의 소개로 들어간 농장은 한인 브로커가 있는
농장이었다. 농장 이름은 '바사카 토마토 농장'. 농장주는 터키계 호주인
이었다. 터키는 월드컵 때 한 번, 그리고 여행 다녀온 친구들에게 두어
번 들어 본 정도였다. 한국에 우호적인 나라이기 때문에 한국계 노동자
가 많은가 보다, 순진하게 생각하며 바사카 농장에 들어갔다.

농장 출근 첫날, 오전 6시 30분부터 일이 시작되기 때문에 숙소에서
새벽 5시 30분에 길을 나섰다. 일반적으로 농장은 노동자가 처음 일을
하게 되면 인적 사항을 확인하고 고용 계약서를 작성하도록 하며 여권
번호, 세금 신고 번호 등을 받는다. 첫 출근이었으므로 서류에 대해 누가
안내해 줄 것을 기다렸지만 아무런 설명이 없었다. 넓은 토마토 밭에 멀
뚱히 서있었다. 아무도 아는 척하지 않고, 아무도 말을 걸지 않았기 때문

이다. 농장 주인은 내가 처음 왔다는 사실을 알지도 못하는 듯 그날 일
나온 사람들 주변을 한 바퀴 돌며 "굿모닝!" 하고 인사를 했다. 농장주 에
즈마는 키가 아주 작은 터키계 여자였다. 그리고 그 옆에는 작은 강아지
가 졸졸 따라다녔다.

에즈마는 자신의 차에서 번호표가 잔뜩 담긴 바구니 하나를 바닥에
"쾅!" 하고 내려놓았다. 그러고 나서 갑자기 소리를 질렀다.

"너희들, 지겨워 죽겠어!" I'm sick of you!

사람들은 그 소리를 신호 삼아 바구니에서 번호표를 하나씩 꺼냈다.
오늘 하루 자신이 딴 토마토임을 표시하는 번호표였다. 약 15~20개 정
도의 플라스틱 번호표가 고무줄로 묶여 있었다. 자신이 딴 토마토 통에
는 이 번호표를 꽂아 둔다. 그러면 관리자가 번호별로 몇 개의 바구니를
땄는지 기록을 한다. 사람들이 번호표를 가져가는 동안 에즈마는 끊임
없이 발을 구르면서 사람들에게 욕을 했다. 그러다가 갑자기 누군가와
눈이 마주치면 "굿모닝?" 하고 웃었다.

영주 씨가 얼이 빠진 내 팔을 잡아끌었다. 플라스틱 통 하나를 손에
쥐어 주고는 오늘 배당된 밭을 가르쳐주었다. 사람들은 부산하게 토마

토 밭으로 사라졌고 나도 길을 잃을 새라 영주 씨 뒤를 따라 밭 안으로 들어갔다.

대학교 때 농활을 가서 방울토마토를 따본 적이 있었다. 비닐하우스에서 키우는 방울토마토는 사람 어깨만큼 키가 컸고, 하나하나 얼마나 애지중지해서 키웠는지 토마토마다 기둥을 세워 매어 두었다. 높이 자라라고 말이다. 매일 관리했으므로 잡초도 별로 없었다. 하우스 안에서 마을 어른들과 함께 수다를 떨면서 방울토마토도 따고 라디오에서 나오는 노래도 따라 부르며 신나게 일했었다.

하지만 이곳의 방울토마토 밭은 관리되는 곳이 아니었다. 그럴 필요도 없었다. 밭이 너무 넓어서 그냥 달리는 토마토를 따기만 해도 충분했다. 토마토의 키가 사람 머리 높이만 한데 따로 가지치기를 하지 않기 때문에 풀이 정신없이 얽혀 있고 건드릴 때마다 먼지가 풀썩 일었다. 토마토의 키가 커서 밭 사이에 사람이 들어가면 밖에서는 보이지 않았다. 오늘 이쪽 밭에서 토마토를 따고 나서 저쪽 밭으로 가면 그동안 이쪽 밭의 토마토는 다시 자라 있으니, 수확기에는 작물을 관리하거나 잡풀을 정리하지 않고 토마토를 따기만 한다. 관리가 되지 않아서 밭에는 먼지와 날벌레가 심했다. 농활 했던 방울토마토 하우스를 생각했다가 호주 방울토마토 밭에 들어서니 작은 구멍가게만 보다가 대형 마트에 들어간 느낌이었다.

일하는 법은 누가 가르쳐주지 않았기 때문에 눈치껏 배웠다. 무릎 높이부터 눈높이까지 방울토마토가 모두 열리므로 앉았다 일어섰다를 반복하며 토마토를 따면 된다. 모두들 페인트 빈 통처럼 생긴 플라스틱 바

구니를 하나씩 가지고 있다. 그곳에 방울토마토를 가득 담으면 4.4달러를 받았다. 방울토마토로 그 바구니를 다 채우는 데는 과연 시간이 얼마나 걸릴까? 한 시간에 최저임금 이상을 벌기 위해서는 방울토마토 바구니 4개를 채워야 한다. 나는 첫날 11시간 동안 일했다. 그리고 바구니 하나를 채우는 데 두 시간이 걸렸다. 한 바구니에 4.4달러를 받았다. 토마토를 가장 잘 따는 사람은 40~50분 만에 한 통을 채운다고 한다. 그런 사람들은 양손이 보이지도 않을 정도로 토마토를 땄지만 그렇게 따도 그 사람은 최저임금의 3분의 1 정도를 번다.

농장에서 일하는 사람들과 이야기를 나눠 보고 싶었지만 이곳 사람들은 나를 경계했다. 어디서 왔는지, 이름이 뭔지 묻지도 않았고, 내 질문에도 답을 피했다. 일이 괜찮으냐 하는 일상적인 인사도 건네지 않았다. 반면 기존에 일하고 있는 사람들은 모두 친해 보였다. 밭을 이동할 때는 꼭 서로서로 챙겼다. 나는 눈치껏 뒤꽁무니를 따라다녔다. 농장에는 한국 사람들 외에도 네팔, 인도네시아, 심지어 브라질에서 온 사람들도 있었는데 이들도 마찬가지로 차가웠다. 트위스트 브라더스의 딸기 농장처럼 눈만 마주치면 서로 인사를 나누던 그런 분위기와 정말 달랐다. 처음에는 이런 답답한 분위기를 참기가 어려웠지만 이들에 대해 점차 알아 가면서 이해할 수 있게 되었다. 사람들은 나를 어떻게 대해야 할지 몰랐던 것이다. 그들은 모두 같은 조직에 속해 있었고 나만 무소속이었다.

농장에는 꾸준히 새로운 사람이 들어왔다. 대부분 한국인이나 네팔인들이었는데 아직 농장 분위기에 익숙하지 않아서인지 나와도 곧잘 인

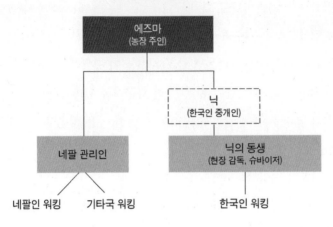

바사카 토마토 농장

에즈마
(농장 주인)

닉
(한국인 중개인)

네팔 관리인

닉의 동생
(현장 감독, 슈바이저)

네팔인 워킹   기타국 워킹

한국인 워킹

사를 나누었다. 새로운 사람들과 친해지면서 농장에서 일하는 사람들이 어디에 살고 어디서 왔는지 알게 되었다.

　나를 제외한 한국인 노동자들은 모두 같은 숙소에 살고 있었다. 그들은 자신들의 숙소를 '닉 하우스'라고 불렀다. 닉은 한국인 노동자들을 농장에 소개시켜 주는 중개업자(브로커)였다. 그는 에즈마의 농장에 사람들을 소개시켜 주고 그 대가로 수수료를 받았다. 사람들은 1인당 3백~4백 달러의 수수료를 주고 바사카의 딸기 농장으로 왔다.

　닉은 수수료만 받는 것이 아니었다. 에즈마의 농장에서 일하는 사람들은 모두 그의 집에서 살아야 했다. 닉은 사람들에게 숙박비와 차량 이용비 명목으로 추가 비용을 받았다. 닉의 숙소는 번더버그 시내에서 멀리 떨어져 있었기 때문에 차가 없는 사람들은 시내에 갈 수도, 인터넷을 하러 도서관에 갈 수도 없었다. 일이 일찍 끝나는 날 한 번씩 시내에 가서 한꺼번에 생필품 등을 산다고 했다. 위치가 그렇게 나쁜데도 숙박비는 터무니없이 비쌌다. 부식비도 따로 받았다. 그리고 닉은 한국 사람이었다.

"아니, 그러면 닉 하우스에 안 산단 말이야?"

새로 온 연두색 옷차림의 언니는 깜짝 놀라서 내게 말했다. 농장 안에서는 모두 챙이 큰 모자와 눈만 보이는 마스크를 쓰기 때문에 작업복 색깔로 서로를 구분했다. 내가 '연두 언니'라고 불렀던 언니는 이 농장의 한국 워킹들 모두 닉 하우스에 살고 있다고 말했다.

"그러면 진아 씨는 어디 살아?

"시내에 방을 하나 빌렸어요."

"그럼 일주일에 얼마씩 내는데?"

"90달러씩 내요."

"진짜? 진짜 싸다!"

닉 하우스는 일반 가정집을 사용하고 있었다. 한 집에 방이 3개씩 있고 한 방에 3~4명이 사는데, 이런 집이 두 채라고 했다. 방 값은 한 사람당 일주일에 140달러, 집에서 저녁으로 하루에 한 끼를 먹는데 밥값이 일주일에 30달러, 닉 하우스에서 농장까지 봉고차를 이용하는 비용으로 일주일에 35달러, 모두 합하면 일주일에 2백 달러를 내야 한다. 주 6일을 일할 경우, 농장에서 토마토를 가장 잘 따는 사람이 일주일에 350달러 정도를 벌고 보통은 2백 달러 후반에서 3백 달러 초반을 번다. 닉 하우스에 2백 달러를 고스란히 내고, 그 밖의 필요한 생필품을 구입한다면 일주일 내내 일해도 한 푼도 모으지 못할 수 있다. 얇은 이불 하나가 50달러, 햇볕을 가릴 밀짚모자 하나가 15달러, 선크림 하나가 30달러는 넘으니 말이다. 연두 언니는 아무리 생각해도 농장에서 돈 벌기는 힘들 것 같다는 이야기를 했다. 혼자 왔는데, 이동 수단이 없어 당장 이곳을 나가기도 힘들고, 다른 일자리를 구하기도 어려우니 어쩔 수 없다는 말과 함께.

이런저런 이야기를 하는 동안 닉 하우스의 워킹들은 자신들이 닉에게 너무 많은 돈을 내고 있다는 것과, 실제로 번더버그의 집값이 그렇게 비싸지 않다는 것을 알게 되었다. 연두 언니는 내게 살짝 일러 주었다.

"닉 하우스에서, 닉 하우스 소속이 아닌 사람하고는 어울리지 않는 게 좋겠다고 단속을 해. 계속 어울리면 '슈바'한테 찍힐 거라고. 아마 여기 비싼 게 알려질까 봐 그러는 거 같아."

'슈바'는 슈퍼바이저의 준말로 한국인 워킹들을 관리하는 한국인 관리자이다. 그래서인지 농장에서 오래 일했던 사람들은 무거운 짐은 내게 주었고 내가 실수를 해도 감싸 주지 않았다. 밭을 이동할 때 내게 말해 주지 않아 밭 속에서 길을 잃기도 했다. 닉의 동생이라던 사람이 찾아와서는 이렇게 말했다.

"만약에 누나가 우리 형을 통해서 왔으면 잘 봐주는데, 따로 와서 그런 거니까 너무 섭섭하게 생각하지 마세요."

겉으로는 슈퍼바이저인 닉 동생과 관리인들 때문에 나를 모른 척 하긴 했지만 토마토 밭 사이에 숨었을 때 몰래몰래 내게 말을 거는 사람들도 있었다.

닉 하우스의 사람들은 작업장에서도 함께 움직였다. 농장은 출신 나라별로 나뉘어 따로 움직였는데, 한국인 집단은 '슈바'라는 노란 궁서체 글씨를 새긴 빨간 티셔츠와 군복 바지 차림의 남자 두 명이 통솔했다. 군대처럼 그들은 호루라기를 불거나 같은 구호를 복창했는데 꽤 우스꽝스러웠지만 아무도 웃지 않았다. 농장에서 그들의 위세는 대단했다. 호주에서 본 그 궁서체의 노란 글씨 '슈바'의 위엄이라니.

관리자 닉의 일행 몰래 얼굴을 익힌 사람들을 통해 이곳에서 일하는 한국인 워킹들에 대해 많은 것을 알 수 있었다. 바사카 농장에서 가장 오래 일한 사람은 1년 이상 일했고, 그렇지 않은 사람들도 적게는 3개월, 보통 6개월 이상 일하고 있다고 했다. 이들은 대부분 어학원에서 영어 공부를 한 뒤 어학원에서 쓴 비용을 다시 벌기 위해 농장으로 왔다. 시드니나 캔버라에서 어학원을 다니다가 그쪽에서 중개 수수료를 주고 닉 하우스로 온 경우도 있었고, 필리핀에서 어학원을 다니고 호주로 온 경우도 있었다. 호주의 어학원은 비싸기 때문에 요즘은 필리핀에서 어학원을 다닌 후 호주로는 돈만 벌러 오는 경우가 많다. '필리핀 어학연수 3개월 후 호주 입국'이 정석이 되고 있다. 그들은 필리핀에서 쓴 비용과 호주 여행 경비를 마련하려고 돈을 번다. 연두 언니가 말했다.

"나도 여행하고 싶지. 여기서 돈 번 다음에 호주를 여행하고, 그다음에 한국 갈 거야. 다들 해외여행 하는데, 나도 외국 와봤으니까 한번 해봐야지."

그러니까 어학연수 3개월, 그리고 호주에서 짧게는 6개월 길게는 1년 동안 일하고, 일주일 동안 호주를 여행한 뒤에 가진 돈을 모두 소진하고 한국으로 돌아가는 그런 기이한 일정을 정하는 것이다. 일하면서 아무리 고생을 했어도 일주일간 호주 여행한 것이 평생 남을 좋은 추억이었다고 말한다. 그 짧은 여행의 대가라 하기에 이 노동은 너무 가혹한 게 아닐까.

시급제
vs
능력제

농장의 정산 방법은 시급제와 능력제 두 가지이다. 시급제는 시간당 임금을 정해 일한 시간에 따라 정산하는 것이다. 처음 일했던 카불처의 트위스트 형제 딸기 농장이 시급제 농장이었다. 딸기 농장의 일은 딸기만 따는 게 아니라 작물을 다듬어 썩은 잎들을 솎아 내는 것도 함께 해야 했다. 딸기 수확량을 기준으로 돈을 주었다면 아무도 잡초를 다듬지 않았을 것이다. 작물 관리가 필요한 곳은 이런 방식을 택한다. 반면 과실만 집중적으로 수확하고 작물 자체는 관리하지 않는 농장은 능력제를 선택한다. 능력제는 과일 바구니 한 개당 일정 금액이 책정되어 있고 수확한 양만큼 돈을 받았다. 개인 번호표를 몇 개씩 가지고 다니면서 자신이 수확한 바구니에 자신만의 고유 번호를 넣어 구분했다. 처음에는 시급제나 능력제나 방식만 다를 뿐 일을 하는 데 큰 차이는 없다고 생각했다. 하지만 실제로는 작업장 분위기나 사람들 관계까지 모두 달랐다.

시급제 농장은 함께 일하는 동료들과의 관계가 좋았다. 경쟁할 필요가 없기 때문이다. 일하는 시간과 휴식 시간을 공유하기 때문에 함께 밥을 먹으면서 친해진다. 호루라기를 불면 동시에 일을 시작하고, 다시 불면 동시에 쉰다. 관리인들의 감시는 훨씬 심하지만 일하는 사람들끼리 관리인의 눈을 피해 대화도 하고 정보를 나누기도 한다. 구체적인 상황은 농장마다 다르겠지만, 내가 일했던 시급제 농장에서는 농장 측에서 물을 생수통에 담아 제공했는데 마실 때 컵이 없으므로 한 사람이 수도꼭지를 잡아 주면 다른 사람이 먹는 방식으로 서로 배려하며 물을 마셨다. 시급제인 농장은 보통 법이 정한 노동시간인 8시간을 정확하게 지켰고, 2시간에 한 번씩 휴식 시간 10분, 점심시간 40분을 주었다. 관리자가 호루라기를 불어 쉬는 시간임을 알리면, 모두가 동시에 일손을 놓고 그늘을 찾아가 함께 널브러져 짧은 낮잠을 자곤 했다.

반면 능력제였던 바사카 토마토 농장은 일하는 사람들과 말할 기회가 많지 않았다. 서로가 경쟁자였으므로 다른 사람이 얼마나 많은 양을 수확했는가를 늘 신경 썼다. 자신이 몇 바구니를 땄는지 서로 말하지 않으면서 다른 사람의 속도를 곁눈질했다. 밭에는 감시자가 따로 없지만 딴청을 피우는 사람이 아무도 없었다. 물도 각자 작은 생수통에 가져와서 알아서 마셨다. 물통을 가지고 다니면서 일하는 게 무겁고 불편해서 작은 물통에 물을 담아 목이 말라도 아껴서 마셨다. 능력제인 농장에는 휴식 시간이나 식사 시간이 따로 없다. 쉬고 싶을 때 자유롭게 쉬고 먹고 싶을 때 먹으라는데, 사람들은 자신이 쉬는 동안 다른 사람들이 일하는 모습을 봐야 하기 때문에 좀처럼 쉬지 않는다. 밥은 안 먹거나 혼자 빨리 먹어 치우고 다시 일을 했다. 나는 첫날 아무도 밥을 먹지 않기에 계속 기다리다가 새벽 5시부터 오후 2시까지 밥을 못 먹었다.

바사카 농장은 일꾼들을 크게 두 그룹으로 나누었다. 한 그룹은 닉하우스에 있는 한국인들, 나머지 한 그룹은 네팔인들이었다. 서너 명 정도 되는 인도·파키스탄·중국 노동자들은 모두 네팔 그룹에 속했다. 농장주는 계속해서 두 그룹을 자극시키는 말을 해 서로 미워하고 더 많은 토마토를 따게 했다. 예를 들어 농장주 에즈마는 한국인들에게 밭을 배정하면서,

"네팔 사람들은 열심히 일해서 더 많이 수확하는데 너희는 늑장을 부렸으니 알이 작은 밭을 주는 거야. 알이 굵은 밭을 받고 싶으면 빨리빨리 따!"

그러면 한국 사람들은 네팔 사람들 때문에 알이 작은 토마토 밭을 받았다며 분통을 터뜨렸다. 알이 작은 밭에서는 한 통을 채우는 데 더 많은 시간이 걸렸기 때문이다. 내가 보기에 에즈마는 그냥 순서대로 배정하는 것 같았지만, 한국 사람들은 자신들이 네팔 사람들과의 경쟁에서 밀린다고 생각했다. 그들이 너무 열심히 일해서 우리가 딸 토마토를 모조리 수확해 버린다고 말이다.

능력제인 농장에서는 자연스럽게 위계질서가 생겼다. 알이 굵은 줄은 관리자와 친분이 있는 사람이나 오래 일한 사람에게 돌아갔다. 신참은 늘 가장 바깥에 있는, 아무리 뒤져도 엄지손톱 크기의 쭉정이만 있는 열을 배정받았다. 이 농장에는 오랫동안 일한 사람이 유독 많았기 때문

이다. 사람들은 한 단계 한 단계 지위가 올라가면서 받게 되는 작은 보상을 중요하게 생각했다. 그리고 조금만 더 일하면 돈을 더 벌 수 있다는 기대는 토마토 밭을 떠날 수 없게 했다.

　능력제 농장에서는 일을 시작하는 시간은 있지만 농장 측이 공식적으로 정한 마감 시간이 없었다. 네팔 사람들은 네팔 그룹이 철수하기로 결정하면 일을 그만했고, 닉 하우스 소속의 사람들은 관리인 닉이 철수할 때까지 일을 했다. 물론 개인적으로 일을 멈춘다고 시급제 딸기 농장처럼 관리인이 뭐라고 하는 건 아니었지만, 조직적으로 일하는 사람들 사이에서 튀는 행동을 하는 사람은 없었다. 바사카 농장의 닉 하우스 소속 사람들은 하루에 11~12시간씩 일했다. 출퇴근용 봉고차는 모두 닉 하우스 소속이니 혼자 일을 일찍 끝낸다 해도 숙소로 돌아가 쉴 수도 없었다. 또한 이 농장은 쉬는 날이 없었다. 농장 일은 매일 반복되므로 쉬고 싶은 사람은 개인적으로 관리인 닉에게 미리 사정을 이야기하고 빠졌다. 그날 일을 할지 쉴지는 스스로 결정하는 것이다. 아주 자유로운 것처럼 보이지만 그렇지도 않다. 이곳 바사카 농장은 모두 중간 관리인에 의해 움직였다. 그러니 휴일을 사용할 수 있는지의 여부는 그 집단 내부의 규칙에 따라야 했다. 쉬는 이유가 정당한가 아닌가는 관리자 '닉'의 의사에 달려 있다. 한번은 내가 몸살 기운이 있어, 닉 하우스 소속은 아니지만 혹시 안 좋은 말이 나올까 봐 닉에게 쉬고 싶다고 이야기했다. 강제로 나오라는 말은 하지 않았지만 한동안 닉 하우스에서는 '신참 주제에 쉴 거 다 쉰다'면서 나에 대한 뒷말이 나돌았다고 한다. 신참은 눈치를 보느라 거의 안 쉬고 매일 일했기 때문이다.

시급제와 능력제는 단순히 급여를 계산하는 방법만의 차이는 아니라는 걸 깨달았다. 일하는 사람들이 느끼기에 시급제 노동환경과 능력제의 노동환경은 매우 다르다. 그리고 농장주들은 그것을 잘 알고 있어서, 이를 적절히 이용해 사람들을 통제했다. 능력제 농장에서는 나도 모르게 다른 사람보다 토마토를 많이 따려고 한다든지, 식사 시간을 스스로 줄이는 내 모습을 보면 이 방법은 참 효과적이라는 생각이 들었다.

1. 화장실의 위치를 알아 둔다. 화장실이 멀거나 화장실 가는 것을 규제하는 농장이라면, 화장실을 가지 않으려고 물을 덜 마시려고 노력하게 되는데, 뙤약볕에 일하면서 물을 마시지 않으면 큰일 난다. 농장 측에서 물을 주는지 개인이 준비해야 하는지도 알아 봐야 한다.

2. 장갑은 두 종류, 라텍스와 목장갑을 준비한다. 작물이 상한다고 목장갑을 못 쓰게 하는 농장도 간혹 있다. 땀 때문에 손이 불어서 장갑을 기피하는 사람들이 있는데 풀에 손을 베이게 된다. 장갑은 필수.

3. 한국에서만 구할 수 있는 농장의 핫 아이템
   - 우리나라 농촌에서 쓰는, 목 가리는 수건이 달린 모자 : 챙만 넓은 모자를 쓰면 햇볕 때문에 뒷목에 화상을 입게 된다.
   - 일바지(일명 몸빼 바지) : 일할 때 가장 편하다. 바지를 버릴 수 있으므로 여러 벌 준비하자.
   - 황사 마스크 : 숨쉬기 편하면서 농작물의 먼지를 막아 준다.
   - 농촌에서 흔히 볼 수 있는 장화 : 농장에 물구덩이가 많아서 운동화는 잘 젖는다.
   - 맨소래담 로션 : 근육통을 위한 필수품.
   - 전대: 일할 때 꼭 필요한 소지품이나 작은 물통을 넣어 다닐 수 있다. 물을 주지 않는 농장에서 유용하다.

212

- 팔 토시: 장갑과 소매 사이의 살갗이 풀에 베이지 않도록 토시가 있으면 좋다. 시골에서 많이 쓰는, 통기성 좋은 작업용 토시를 준비한다. 지하철에서 판매하는 운동용 쿨 토시도 좋다.
- 손목·발목·무릎 보호대: 앉았다 일어나기를 반복하는 일이면 무릎에, 그 외에는 손목·발목에 착용하면 통증을 많이 줄일 수 있다.

4. 농장주가 사업장 정보를 제공하고 고용 계약서를 제대로 쓰는 곳이라면 괜찮지만, 그렇지 않다면 혹시나 있을 임금 체불에 대비해 각종 정보를 수집해야 한다. 워킹이라면 언제나 스스로 정보를 수집해야 한다. 농작물 라벨이나, 농장 입구의 간판에 있는 전화번호와 주소 등을 수집한다. 사업주의 법적 이름과 사람들 사이에 불리는 이름이 다를 수도 있다. 가능하다면 이웃을 통해서 알아두는 것도 좋다. 일한 날짜와 출퇴근 시간, 업무 시간과 쉬는 시간도 꼼꼼하게 기록해 둔다.

5. 다음 일자리를 위해 늘 워킹들과 정보를 교환한다. 농장에서는 수확기가 끝난다고 워커들에게 미리 알려주거나, 앞으로 며칠 동안 일을 더 할 수 있는지 말해 주지 않는다. 분위기를 봐서 사람들이 빠지면 함께 다른 곳으로 이동한다. 아시아계 워커들이 유럽계 워커들보다 농장 정보를 많이 아는 편이다.

우리는 모두
이주 노동자인 걸

         나는 네팔 친구들이 좋았다. 바사카 농장에 처음 온 날, 한국 사람들의 경계 때문에 외톨이처럼 눈치를 보고 있던 내게 다가와 준 이들은 네팔 사람들이었다. 물도 나눠 주고 자기들이 딴 토마토를 내 바구니에 얹어 주었다. 수확한 토마토가 많아 보이게 하는 비법도 전수해 주었다. 토마토를 모두 딴 다음 다른 바구니에 옮겨 담으면 부피가 살짝 늘어나 보인다. 이렇게 하면 바구니의 90퍼센트만 채워도 한 바구니를 다 채운 것처럼 만들 수 있었다. 모든 네팔 사람이 친절한 것은 아니어서 일부는 한국인인 나를 경계했지만 야난과 수만은 나를 친구처럼 대해 주었다. 말도 없이 일만 하는 삭막한 토마토 농장에서 나는 네팔에 대한 이야기를 들으며 두 친구와 함께 일했다. 사실 네팔에 대해서라기보다는 서로 신변잡기에 대한 이야기였다. 학교 다닐 때 이야기, 좋아하는 식당 이야기, 여행 갔던 이야기, 좋아하는 노래에 대한 이야기였다. 한국에서도 일한 적이 있다는 네팔 친구가 있었는데 그 친구는 나를 배려해서인지 나쁜 기억 없이 즐겁게 일하다가 돌아갔다고 말해 주었다. 미안한 마음과 고마운 마음이 함께 들었다.

농장에 온 지 이틀째 되던 날, 이 농장이 한국계와 네팔계 두 그룹으로 철저히 분리되어 일한다는 것을 모를 때 길을 잃은 적이 있었다. 토마토 줄기가 사람 키보다 높아 사람들이 잘 보이지 않으므로 서로서로 챙겨서 이동을 하는데, 나를 챙길 필요가 없는 한국인들이 밭을 옮기면서 그냥 떠나 버린 것이다. 길가에서 어쩌지, 하고 서성이는 나를 보더니 네팔 친구들이 얼른 자신들 무리로 데려갔다. 길을 못 찾고 헤매고 있다가는 농장주인 에즈마에게 혼날 게 분명했기 때문이다. 네팔 친구들은 나를 알이 굵은 열에 세워서 토마토를 잔뜩 따게 해주었다. 한국 사람들과 일할 때보다 바구니를 채우는 속도도 빨랐고, 일하면서 이야기도 많이 할 수 있어서 재미있었다. 그렇게 신이 나서 일하고 있는데 에즈마가 네팔 사람들과 섞여 있는 나를 끌어냈다. 그러고는 사람들 앞에서 소리를 지르며 욕을 하는 것이다. 그 소리에 다른 밭에 있던 한국 사람들이 모여들었다. 영문도 모르고 사람들 앞에서 욕을 들은 내게 한국 사람들은 "왜 저렇게 네팔 새끼들하고 다니는 거야." 하면서 수군거렸다. 야난과 수만은 내게 미안해 하며 어쩔 줄을 몰라 했다. 그 친구들 잘못이 아닌데도 말이다. 농장주는 네팔 사람들과 한국 사람들이 섞이는 것을 매우 싫어했다.

네팔 사람들이 일하고 생활하는 환경은 한국 사람들과 비슷했다. 네팔 관리인은 따로 없었지만 농장주 에즈마가 직접 관리했다. 그들은 에즈마가 제공하는 숙소용 컨테이너에서 모두 함께 지낸다고 했다. 컨테이너 시설은 물론 열악했다. 그런데도 숙소 사용료는 닉 하우스와 비슷했다. 차량 이용료나 부식비 등을 따로 내야 해서 열심히 일해도 돈 모으기 힘든 것 또한 마찬가지였다. 숙소 위치는 닉 하우스보다 멀어서 걸어서는 도저히 시내에 나갈 수 없었다. 차가 없었기 때문에 네팔 친구들은 시내에 나가야 할 때 내게 몰래 도움을 청했다. 네팔 숙소는 농장주 에즈마의 집과 가까웠으므로 네팔 친구들을 데리러 갈 때나 내려 줄 때는 농장주에게 들키지 않도록 숨어서 가야 했다. 우리가 어울리는 것을 에즈마가 좋아하지 않았기 때문이다. 하지만 이런 감시 때문에 우리의 만남은 마치 작전을 수행하는 것 같았고 그래서 더 즐거웠다.

한국인들은 네팔 사람들을 싫어했다. 매일 네팔 사람들에게 한국어로 욕을 했고, 당일 배치 받은 토마토의 알이 잘거나, 그날 가장 많이 수확한 사람들이 네팔 사람들일 때는 노골적으로 적대감을 드러냈다. 못사는 나라에서 돈 벌러 온 네팔 사람들과 영어를 배우러 온 우리 워킹들은 다르다는 것이었다. 실제로 네팔인들과 한국인들은 임금이 달랐다. 한국인들은 한 바구니당 4.4달러를 받았는데 이 가운데 0.4달러는 세금으로 내고 실제로 받는 것은 4달러, 네팔 사람들은 합법적인 노동 비자를 가지고 있지 않아 세금을 내지 않으면서 4달러를 받았다. 결과적으로 받는 돈은 같았고 다른 것은 40센트, 즉 몇 백 원을 세금으로 내느냐 아니냐일 뿐이었다. 한국 사람들은 이 점이 바로 불법과 합법의 차이라면서 큰 의미를 두었다. 아무도 농장주 에즈마를 탓하지 않았다.

나는 한국 사람들이 혼란스러웠다고 생각한다. 누가 보더라도 우리,

한국인과 네팔인들은 똑같은 일을 했다. 같은 시간에 농장에 나와 비슷한 옷을 입고 같은 시간을 일한다. 하지만 한국인들이 알던 네팔은 '우리'가 될 수 없는 사람들이었다. 텔레비전에서만 보던 외국인 노동자, 못사는 나라에서 온 불쌍한 사람들. 하지만 호주에서 네팔 사람들은 우리와 같았고, 아니 한국 사람들보다 영어를 훨씬 잘 해서 농장주와 의사소통도 더 자유로웠다. 한국인들은 이런 불편한 마음을 이유 없는 분노로 표출했다. 그리고 한국인이 그들보다 더 나은 이유를 끊임없이 찾으려 했다. 우리는 영어를 배우러 온 사람들이다, 우리는 합법적으로 일할 수 있는 워킹홀리데이 비자를 가진 사람들이다, 우리는 세금을 낼 수 있는 사람들이다, 너희 네팔 불법 체류자들과는 다르다 ……..

한편 네팔 친구들 말로는 네팔 사람들도 한국인들에게 적대적이었다. 똑같이 일하고, 실제로 수확은 더 많이 하는데도 시급이 더 적은 것이 불만이었고, 한국인들이 자신들에게 갖는 적대감도 불쾌해 했다. 나와 자주 어울리는 네팔 친구들은 '한국인과 자꾸 어울리지 말라'는 충고를 자주 들었다.

그러던 어느 날, 농장에 도둑이 들었다. 사람들을 싣고 오는 승합차는 보통 농장 한중간에 있는 공터에 세워 두는데 그중 닉 하우스 소속의 차 유리가 모두 깨지고 돈이 사라진 것이다. 한국인들은 그 자리에 모두 주저앉았다. 차 안에는 많은 돈이 있었고, 한 달 동안 일한 돈을 모두 잃어버린 사람도 있었다.

사람들은 주급으로 받은 돈을 몸에 지니고 다니다가 일할 때는 차에 보관했다. 은행에 넣어 두면 되지 왜 들고 다니나 하겠지만 은행이 시내에 있고, 시내까지 나갈 대중교통이 없었다. 승합차는 닉 하우스가 제공하는 것으로, 워킹들은 출퇴근할 때에만 사용하기로 했기 때문에 개인적인 용도로 쓸 수 없었다. 그렇다고 빈 숙소에 돈을 두면 잃어버릴 위험이 컸고, 전대를 차고 일하는 것도 불가능했다. 차라리 일하는 시간에 문을 잠그는 공용 승합차가 안전하다고 생각해서 사람들은 모두 돈을 차 안에 보관했다. 그런데 그 돈이 사라진 것이다.

한국인들은 네팔 사람들을 의심했다. 네팔 사람들은 돈을 잃어버리지 않았다는 것이다. 또한 네팔 사람들과 친한 내 차는 차 엠블럼만 떼갔을 뿐 깨지지 않았고 잃어버린 돈도 없었기 때문에 의심이 더욱 커졌다. 그러나 나는 네팔 사람들은 농장주 에즈마의 커다란 차를 타고 오기 때문에 도둑이 고급 차라서 건드리지 않았을 수 있고, 내 차 안에는 현금이 하나도 없었기 때문에 망가뜨리지 않았을 것이라고 생각했다. 이런 정황들은 이미 돈을 잃어버린 한국인들에게 보이지 않았고, 당장 네팔 사람들의 멱살을 잡을 기세였다. 밭에서 함께 일하다가 도둑으로 몰린 네팔 사람들 역시 불같이 화를 냈다.

한국인들은 경찰에 이 사실을 신고했다. 농장주 에즈마가 뒤늦게 소식을 듣고 깨진 차가 있는 곳으로 달려왔다. 한국인들이 경찰을 부른 것을 알자 에즈마는 재빨리 네팔 사람들을 숙소로 돌려보냈다. 한국인들은 분명히 네팔 사람들이 범인이니 돌려보내서는 안 된다고 강력하게 항의했지만, 에즈마는 취업 비자가 없는 네팔 사람들을 고용한 사실이 들킬까 걱정이었다. 한국인들은 네팔 사람들이 숙소로 돌아가기 전에 경찰이 오기를 바랐지만, 경찰은 신고한 지 세 시간이 넘어서야 왔고 그 사이에 네팔 사람들은 모두 숙소로 돌아갔다.

경찰은 도난 현장에 맨몸으로 출동했다. 심지어 카메라도 들고 오지 않아 한국 사람에게 카메라를 빌려 성의 없이 사진 두세 장을 찍었다. 그러고는 왜 돈을 차에 두었느냐, 얼마나 잃어버렸느냐고 질문한 뒤에 경찰서로 돌아가 버렸다. 외국인 노동자들이 일하는 작업장에서 몇 푼 되지 않는 돈을 잃어버린 사건 정도는 대수롭지 않은 것 같았다. 음료수 한 캔 값도 되지 않는 4달러를 벌기 위해 한 시간 동안 방울토마토를 따는 것이 뭔지 그들은 모를 테니 말이다.

경찰에게 돈을 잃어버렸다고 신고한 한국 사람들이나, 경찰에 들킬까 봐 숙소로 돌아가 버린 네팔 사람들이나, 경찰들 앞에서 우리는 다를 바가 없었다. 우리는 그저 최저임금의 반의 반도 안 되는 돈을 받고, 하루 종일 일하면 그만인 사람들이었다. 한국인들은 호주 경찰이 불법 체류자인 네팔 사람들을 조사해서 합법 노동자인 자신들을 도와주지 않은 것에 몹시 허탈해 했다.

경찰들을 보면서 나는 이것이 호주가 우리 워킹홀리데이 비자로 온 사람들을, 이주 노동자를 대하는 태도라는 생각이 들었다. 그 순간 더 이상 호주에 머물 이유를 찾을 수가 없었다. 호주에서 일을 하고 집을 구하고 마치 그 나라 사람처럼 지냈지만, 아무리 노력한다고 해도 나는 이곳 사람이 될 수 없었다.

한국 사람들은 네팔 사람들을 '불법 외국인 노동자'라고 조롱했다. 사건 이후 분위기는 더 흉흉해졌다. 이상했다. 매일 아침 7시가 되면 똑같은 옷차림을 하고 똑같은 밭에서 똑같이 토마토를 딴다. 멀리서 관리자인 호주 사람 에즈마는 이런 우리를 보며 적절히 밭을 배분했다. 여전히 "너희들은 네팔 사람들보다 못하잖아!"라고 소리치면서.

호주를
떠나다

                한국으로 돌아가기로 마음을 먹고 농장을 그만두었다. 떠나기 전에 친구들과 추억을 만들고 싶어 야난과 수만에게 연락을 했다. 네팔 친구들은 농장주 에즈마에게 몸이 아프다고 거짓말을 하기로 했다. 이들을 데리러 네팔 숙소에 갔는데, 웬 모르는 사람 두 명이 서 있었다. 모자에 마스크를 쓰고 눈만 내놓은 얼굴이 아닌, 처음으로 그들의 얼굴 전체를 다 봤던 것이다. 그 친구들 역시 흙 묻은 작업복에 손수건으로 가린 얼굴이 아닌 내 얼굴 전체를 처음 보았을 것이다. 얼굴이 이렇게 생겼구나, 새삼 처음 만난 사람들처럼 쑥스러워 하면서 차에 올랐다.

    수만은 음악을 좋아했다. 오늘 여행이 얼마나 설레었는지 자신이 가장 좋아하는 노래를 시디에 담아 가져왔다. 엊저녁부터 계속 전화해서는 몇 시에 올 건지 무엇을 준비해야 하는지 묻던 수만이었다. 하나도 못 알아듣는 네팔 노래가 나왔지만 그것마저도 신이 났다. 수만과 야난은 번더버그에 오고 나서 처음으로 바다를 본다고 했다. 숙소에서 차로 20분도 안 걸리는 곳에 바다가 있는데……. 우리는 시내에 들러서 점심으로 먹을 통닭과 과자, 음료수도 잔뜩 챙겼다.

평일 낮이었지만 바다에는 사람이 많았다. 해안가에 있는 도시에서 바다는 휴양지라기보다 마을 공원 같아서 언제든 쉬는 사람들이 많다. 우리는 바닷물에 들어가 물장구도 치고 모래밭에서 게임을 하며 구르기도 하고 서로 몸을 모래에 묻으면서 이른 아침부터 놀았다. 점심시간이 되자 준비해 온 치킨과 음료수 과자를 먹고 그늘에 자리를 잡아 그대로 누웠다. 파도치는 소리를 들으며 구름이 흘러가는 모습을 보고 있었다. 야난이 말했다.

"우리 지금 토마토 밭에 있었으면 어땠을까?"

네팔 사람들 사이에서도 한국 사람과 어울린다면서 지적을 많이 받았다는 수만과 야난. 네팔 사람들과 친한 것 때문에 한국 사람들 사이에서 눈치를 받았던 나. 그래도 마지막은 함께할 수 있어서 행복했다. 호주에서 돈 많이 벌어서 그 돈으로 꼭 네팔에서 공부를 마칠 수 있었으면 좋겠다. 네팔에 가면 그렇게 맛있다던 네팔 만두도 꼭 먹어 봐야겠다. 며칠 후 나는 한국행 비행기를 예약했다.

번더버그는 작아서 비행장이 없다. 기차를 타고 브리즈번으로 가는 길에 처음으로 풀숲에 있는 캥거루를 보았다. 호주에 오면 다들 캥거루를 보고 싶어 하지만, 농장을 돌아다니느라 이동하는 몇 달 동안 고속도로에서 혹시 캥거루를 만날까 봐 얼마나 마음을 졸였는지 모르겠다. 안

전한 기차 안에서 보니 신기했지만, 정말 저렇게 큰 캥거루가 작은 경차와 부딪쳤으면 큰 사고 났겠다 싶었다. 코알라도 보고, 캥거루도 보고, 기차 안에서 밥도 먹으면서 브리즈번으로 갔다. 공항으로 이동하기 쉬운 곳에 백패커스 호스텔에 방을 잡고는 그날 저녁, 브리즈번 시내를 산책했다. 그리 높지 않은 공원 언덕에 올라가 야경도 보고 맥주를 한 잔 마셨다. 호주는 가는 날까지도 정말 아름다웠다. 다음날 새벽부터 부지런을 떨어 공항에 갔다.

한국으로 가는 비행기에 올라 시계를 고쳐 맸다. 아직 시계는 호주 시간에 맞춰져 있다. 오전 11시, 바사카 농장의 사람들은 지금이면 토마토 밭에 숨어서 다들 점심을 허겁지겁 먹고 있겠구나. 오늘도 도시락은 샌드위치를 싸갔을까, 시원한 그늘을 잘 찾았을까, 아니면 토마토 줄기 아래서 강한 햇빛만 피하며 밥을 먹는 걸까, 물통은 잊지 않고 챙겨 갔을까 하는 생각이 걷잡을 수 없이 들었다. 한국 표준시로 시간을 바꾸는데 갑자기 눈물이 쏟아졌다. 그 자리에서 엉엉 울어 버리니 옆자리에 앉은 사람이 깜짝 놀라 나를 쳐다보았다.

그러고 나서 잠에 빠졌다. 그렇게 몇 시간이 지나고 깜깜한 밤이 되자 기내 방송이 흘러나왔다.

"잠시 후 저희 비행기는 대한민국, 인천 공항에 착륙하겠습니다."

한국으로 돌아왔다.

호주 대륙의 최초 이주민은 5만여 년 전 이주해 왔다는 애보리진(Aborigins)이다. 이후 영국인 등 백인들이 이주했으며, 중국인들을 중심으로 하는 아시아계 이민자들이 그 뒤를 이었다. 호주의 이민정책이란 영국계 이민자들이 다른 이민자들을 대하는 방식 이라 할 수 있는데, 보통 시기적으로 분리 정책, 동화정책, 통합 정책(다문화 정책)의 세 단계로 나눌 수 있다.

백인 이주민들이 호주에 정착한 이후부터 영국 식민지 시기를 거쳐 호주 국가가 성립 되기 전까지는 분리 정책의 시기였다. 분리 정책은 백인 우월주의와 유색인에 대한 반 감을 기반으로 했는데 원주민인 애보리진들은 거주지를 제한당하거나 폭행, 심지어 살해되기도 했다.

1850년대부터 중국 이민자들이 호주로 대거 이주하면서 호주의 백인은 이들에게 강한 반감을 드러냈으며, 비유럽계의 이민을 제한하는 이민법이 만들어졌다. 1854년 벤디고(Bendigo) 지역에서는 중국인을 몰아내자는 대규모 시위가 발생하기도 했다. 1897년 영국의 식민장관이 권고해 새롭게 도입된 이민제한법(나탈 이민법)은 영어 읽 고 쓰기를 자격 조건으로 규정해 받아쓰기 테스트를 했는데, 이는 유색인의 이민을 제 한하기 위한 것이었다.

1901년 독립 정부가 건설된 이후 1960년대 중반까지 호주의 이민정책은 '동화정책'의 성격을 띠었다. 여전히 인종차별을 기반으로 했지만 분리 정책과 달리 비유럽계 이주 민들이 유럽계 이주민들의 문화를 배움으로써 그들과 동화될 수 있다고 보았다. 그럼 에도 호주 정부가 제정한 이민제한법 역시 영어 받아쓰기 시험을 조건으로 해 비유럽 계 이민자의 이민을 제한했다.

제2차 세계대전의 종식과 더불어 신생 독립국가들이 등장하면서 호주는 백호주의를 고수하기 어렵게 되었으며, 제조업과 내수 시장의 육성을 위해 인구 증대, 즉 이민 확대를 꾀하게 된다. 1945년 호주 최초의 이민 장관 아서 칼웰(Arthur Calwell)은 인구의 1퍼센트를 이민자로 충원하기로 하고 비유럽계 이민자의 입국과 체류를 완화하는 입법을 단행했다. 그 결과 이민자의 수는 늘었지만 상당수 이주민들이 다시 자국으로 돌아가는 등 이민 실패율이 높아졌다. 이후 정부는 대대적으로 이민정책의 문제점을 검토해 이민 조건을 완화하고, 기존의 백호주의 정책 대신 이민자들의 다양한 배경을 존중하는 정책으로 방향을 전환하기 시작했다.

1966년 제정된 이민법은 임시 비자를 가진 비유럽인도 유럽인과 같이 5년을 거주하면 영주권자나 시민권자의 자격을 주었으며, 영어 받아쓰기 시험을 폐지했다. 또한 정착을 돕기 위해 국가 차원에서 이민자들에 대한 영어 교육을 강화했다. 1973년에는 공식적으로 백호주의가 폐지되었다. 1966년부터 오늘날까지의 이민정책을 '다문화 정책'이라고 부를 수 있겠다.

하지만 1996년 정권을 잡은 보수연합 하워드 정부(1996~2007)는 기존의 다문화부를 폐지하고 이민 프로그램의 축소를 꾀했다. 이 시기 일어난 2001년 탐파 호 사건과 2005년 크로눌라 사건은 다문화 사회라는 호주의 자부심에 깊은 상처를 남긴 대표적 사건이었다. 2001년 호주에서 싱가포르로 가던 노르웨이 화물선 탐파 호가 표류 중이던 인도네시아 국적의 배를 구조했는데, 이 배에는 호주로 향하던 아프간계 피난민 438명이 타고 있었다. 호주 정부는 굶주림과 질병으로 위기에 처한 이들의 구호 요청을 거부하고 배의 정박을 금지했으며, 긴급 구호를 요청하기 위해 허가 없이 항구에 진입한 탐파 호를 특공대로 진압했다. 호주 정부의 조치에 대해 국제 여론은 냉담했으나, 놀랍게도 국내 여론은 70퍼센트가 이를 지지했다.

2005년에는 호주 크로눌라 해변에서 레바논계 청년들이 인명 구조대원을 폭행한 사건이 있었는데, 이것이 인종·종교적인 문제로 비화되어 수천 명의 유럽계 청년들이 보복 차원에서 중동계 이민자들을 폭행했으며, 아랍계 청년들이 다시 반격에 나서는 등 인종 간 유혈 충돌로 번졌다. 이후 이민 정책과 관련해 호주 사회는 안전을 중시하고 불법체류 등을 통제하는 분위기가 강화되었다.

보이는 것과
보이지 않는 것들

나는 이 책을 통해 워킹홀리데이가 좋다 혹은 나쁘다를 말하고 싶은 것이 아니다. 워킹홀리데이를 권하거나 말릴 생각도 없다. 어느 한쪽으로만 평가하기에는 복잡한 시간이었다. 나 스스로 한국에서 겪어 보지 못했던 환경에 부딪치며 힘들었던 때도 있었지만, 낯선 곳에서 살아남았던 기억은 큰 성취였다. 내가 만났던 한국인 워킹들은 누구보다 용감했고 힘차게 살아가고 있었다. 자신이 처한 환경에서 어떻게 해야 살아남을 수 있을지를 매일 스스로 판단해야 했고, 아무것도 확실하지 않은 가운데에서도 과감히 결정을 내렸다. 호주에서 받는 대접이 부당하다며 화만 냈다면 호주에서 살 수 없었을 것이다. 그들은 자신의 능력을 발휘할 수 있는 지점을 찾고, 비슷한 사람들과 집단을 만들기도 하고, 그 안에서 갈등하기도 하면서 나름의 생존 방식을 찾고 있었다.

　워킹들이 만들어 낸 생존 방식은 한국에서 말하는 그런 청춘, 열정과 같은 단어만으로 설명할 수 없다. 젊은 날 자신의 미래를 스스로 개척하고 싶어 하는 사람들의 의지와, 이주 노동자를 필요로 하는 호주의 정책, 저임금 하층 노동을 기반으로 살아가는 현지의 중하층 이주민들의 의지가 한데 어우러져 독특한 워킹의 삶이 펼쳐지는 것이다.

　많은 경험담과 수기들은, 워킹 홀리데이로 호주에 가고 싶어 하는 사람들의 소망을 반영한다. 자신의 워킹 경험이 다른 사람들에게 멋진 것으로 비춰지길 원하는 사람들과, 한국을 탈출해 새로운 곳에서의 삶을 바라는 독자들의 희망이 결합된 호주 워킹홀리데이는 미지의 세계, 청춘의 열정으로 가득한 야생의 세계, 그러면서도 서양의 문물을 간직한 선진적 세계다.

　그래서 나는 워킹의 생활 그대로를 보여 주고 싶었다. 환상이 아닌 현실의 이야기를 말이다. 호주에서 지내며 기록했던 일기를 바탕으로 해, 실제로 일어났던 일들을 솔직하게 전달하려고 했다. 호주 워킹을 선택할지 말지는 개인의 자유다. 다만, 호주 워킹이 어떤 모습인가를 정확하게 알고 갈 필요는 있다. 호주는 열정·꿈·희망 그런 것만으로 떠나기

엔 위험한 땅이기 때문이다.

워킹이 겪는 여러 가지 어려움은 사회적 문제이기도 하다. 돈 없는 사람들의 어학연수가 워킹이다. 실제로도 상당히 많은 수가 출국을 하고 있는데, 호주 내 워킹홀리데이 인구 중 한국인이 2~3위를 차지한다. 특히 시드니의 경우는 교민보다 워킹으로 입국한 사람의 수가 더 많을 정도이다. 그러나 워킹은 해외여행도 아니며 유학도 아니다. 노동이 첫째 목적이 되는 비자이다. 그럼에도 한국에서 워킹은 마치 노동과 여행을 반반씩 할 수 있는 것처럼 홍보한다. 워킹들은 호주에서 노동자로 살아가는데, 호주 정부나 한국 정부로부터 법적·제도적 보호를 받지 못한다. 호주에 뚝 떨어진 워킹은 말 그대로 혼자 힘으로만 살아가야 하는 것이다. 이 사실을 누구도 알려 주지 않은 채, 공항에는 지금도 호주로 떠나는 사람들이 줄을 서있다.

70년대 사진의 한 장면처럼

호주의 식당에서, 농장에서 만난 사람들은 정말 대단했다. 사람이 저렇게 일을 할 수 있을까 싶을 정도의 일을 결국은 다 해내며 살아가고 있었기 때문이다. 그리고 나 또한 그 가운데 섞여 일을 했다.

산업혁명이 일어났던 시기에는 하루 10시간 이상 노동이 보편적이었다는 말을 책에서 읽었다. 가까이 눈을 돌리면 한국에서도 우리 부모님 세대인 경제개발 시기에 대부분의 공장에서 하루 10시간 이상 단순 반복 노동이 일상이었다는 이야기를 읽은 적도 있다. 책이나 영상에서 그런 옛날 노동자들을 보면서 '안됐다', 어떻게 사람이 저렇게 살 수 있었을까 생각하기도 했다. 하지만 워킹홀리데이로 호주에 가면 그런 노동을 직접 겪게 된다. 그런 힘든 환경 속에서도 사람들은 살아가고, 일을 끝내고, 집으로 돌아가며, 돈을 번다.

참 많은 생각이 들었다. 이렇게 넓은 밭의 딸기를 사람의 힘으로 딸 수 있다는 것에 감탄하고, 그렇게 좁은 공간에서도 하루 종일 서있을 수 있다는 것에 감탄한다. 또한 단순히 '안됐다'는 느낌을 넘어선 복잡한 감정이 인다. '힘.들.었.다'라는 네 글자로 부족할 것이다.

그런데 책이나 영화 속 옛날 사진에서 봤던, 커다란 공장 앞에 나란히 서있던 수많은 노동자들, 모두 같은 옷을 입고 같은 동작을 하던 노동자들이 한 명 한 명 다르게, 그리고 특별하게 보이기 시작했다. 나 또한 똑같은 유니폼을 입고 일했지만 다른 삶을 꿈꾸었고, 똑같은 작업복을 입고 밭을 기어 다녔지만 늘 내일을 생각했으니까.

일터는 열악하지만 시내는 화려하고 아름다운 도시다. 대형 마트에는 온갖 물건이 있고 연일 유행가가 흘러나오는 백화점에 각종 상품과 전 세계 음식이 모여 있는 곳이 호주이다. 아무리 작은 시골 마을을 가도 시내의 모습은 비슷하다. 영화에 나올 것 같은 운치 있는 서양식 건물도 즐비하다. 이런 곳에서 살아가는 것을 잠시 상상해 보기를 바란다. 낮에는 공장에서 일하고 밤이면 화려한 도시의 한 귀퉁이에서 잠을 청하는 것, 그림처럼 아름다운 주택이 있는 길을 지나 아파트의 거실 한쪽에서 작은 매트리스 하나에 몸을 누이고 잔다는 것을 말이다. 도시의 외로움이 참기 힘들어 차라리 모두가 비슷한 환경에서 생활하는 농장으로 떠나는 사람들도 많다.

하지만 시간이 지나면서 환경에 '적응'하게 된다. 어느 순간부터 화려한 도시의 사람들이나 어두운 직원용 물류 창고 사이에서 혼란스럽지 않게 되고, 같은 동작만을 반복하는 일에 아무런 감정이 들지 않는 것이다. 나도 세상도 원래 그랬던 것처럼 무감각해진다. 그저 한국에 돌아가 힘든 일 하지 않으려면 공부해야지, 스펙을 쌓아야지 하는 열망만 쌓으며 호주에서의 모든 일을 체념하고 받아들인다. 그렇게 되는 것이 가장 무서운 일이다.

**보이는 것과
보이지 않는 것들**

한국에서는 보이지 않는 것들이 많았다. 식당에서 밥을 먹으면서도 그 가게 뒤편에서는 누군가 하루 종일 음식을 만들고 있다는 걸 생각하지 못했고, 축구 경기를 보면서도 축구공만 하루 종일 만들고 있을 아이들은 보이지 않았다.

하지만 워킹으로 호주에 가면 모든 것을 다 봐야 한다. 워킹에게 세상은 감출 것 없이 적나라하다. 식당에서 워킹은 고객이 아니라 식당 설거지 담당, 키친 핸드다. 밥 한 끼를 만들기 위해 들어가는 모든 수고로움을 담당하는 사람이다. 이들은 손님이 보이지 않는 주방 구석에서 일한다. 건물에서 워킹은 건물 청소부다. 어떤 건물이 깨끗하다면 그것은 새벽마다 졸린 눈을 비비고 구석구석을 청소하는 워킹의 노력 덕분이다. 나는 호주에서 가장 슬픈 장소가 어디냐고 묻는다면 주저 없이 마트를 꼽는다. 마트에 있는 농산물, 특히 바닥에 바짝 붙어서 나는 호박이나, 잘라도 잘라도 끝이 없는 아스파라거스, 수확하기 힘들다는 피망과 가지를 보면 허리를 숙여 일하는 워킹들이 떠오른다. 워킹은 딸기를 먹는 사람이 아니라 딸기를 따는 사람이다.

내가 그동안 당연하다고 생각해 왔던 모든 것이 사실은 나와 똑같은 사람들의 노동으로 이루어져 있다는 사실을, 워킹으로 일하면서 깨달았다. 하지만 내가 한국에서 그랬던 것처럼 호주에 사는 영주권자들이나 백인들은 우리가 이런 노동을 하고 있기 때문에 이 사회가 유지된다는 사실을 알지 못한다. 그리고 자신들의 나라 안에 이렇게 많은 한국인 워킹이 일하고 있는지도 잘 모를 것이다. 식당 뒷켠에서 일하는 사람들, 새벽에 청소하는 사람들, 밤늦게 일하는 사람들, 그리고 지하철역 가까운 아파트에 살아서 현지 사람들이 살고 있는 그런 동네에서는 마주치지도 않는 사람들이기 때문이다. 안다 해도 신문 기사 몇 줄로만 알 뿐이고, 그저 '안됐다'고 한마디 하지 않을까.

호주에서 워킹으로 살면서, 양심적으로 산다는 것, 정직하고 정당한 사람이 된다는 것이 어려운 일이라는 걸 알았다. 내가 도움을 많이 받았던 교민이 사실은 워킹들에게 최저임금도 주지 않는 사람이었고, 또 그 교민은 호주 사회에서 단순 자영업을 하는 하층 시민이었다. 한국인 중 개업자의 횡포는 화가 나지만 그 자신도 호주 사회에서는 가진 것 없는 사람이었다. 워킹들은 자신도 그렇게 힘들게 일하면서 아시아에서 온 다른 노동자들에게 말을 함부로 했다. 식당에서 그렇게 힘들게 일하면

232

서 막상 자신이 식당에 가면 대접받고 싶어 했다. 모두가 그렇게 얽혀서 살아가고 있었다.

가장 중요한 것은 영어?

"시드니에서는 하루에 세 가지 일을 했어요. 오전에는 호텔을 청소하는 하우스 키핑 일을 했고 오후에는 식당에서 서빙을 하고요, 새벽에는 펍(술집) 청소를 했죠. 물론 힘들죠. 그렇게 지내면 잠을 거의 못 자니까요. 하지만 보람이 있었어요. 일하면서 영어 한마디라도 더 하려고 노력했고, 지시 사항을 못 알아들으면 혼나니까 집중해서 듣잖아요. 그러면 영어 듣기 공부도 더 잘되는 것 같고."

워킹 경험을 듣고 싶어서 사람들을 만나던 중, 서울 명문대를 다닌다는 학생이 해준 이야기다. 한국에서는 단 한 번도 육체노동을 해본 적이 없었으며 아르바이트도 거의 하지 않았던 그가 호주에 가서는 잠 잘 시간을 줄여 가며 청소, 설거지 등을 했다. 한국에서의 처지와 호주에서의 처지가 너무 달랐기 때문에 처음에는 당황했다. 관리자들의 무시, 낮은 보수, 그리고 일 때문에 몸이 힘들었다고 했다. 이런 상황을 정당화하기 위해 그는 '영어'를 가져왔다. 나는 영어를 배우기 위해 호주에 온 것이다, 아무리 일이 힘들어도 영어를 배우기 위한 과정이기 때문에 어떤 일을 하건 그리 중요한 일이 아니라고 했다.

워킹홀리데이 제도의 장점에서 영어 학습을 빼면 신청자가 절반으로 줄어들지 않을까. 호주로 떠나는 사람들의 마음속에는 영어를 완벽하게 배우고 오리라는 다짐이 있을 것이다. 하지만 호주에서 워킹으로 살아가면서 영어를 쓸 기회는 많지 않다. 영어를 배우겠다는 사람들은 현지에 도착한 후 수업료가 비싼 어학원을 다닌다. 그것이 호주에서 했던 영어 공부의 전부였다고 말하는 사람들도 많다. 어학원을 다녀야 할 정도로 영어가 서투르다면 호주 현지인에게 고용될 가능성은 매우 희박하다. 생활비를 벌어야 해 어쩔 수 없이 교민 업소에 취직을 하게 되면 영어를 할 수 있는 기회는 더 줄어든다. 농장도 마찬가지이다. 도시보다 정보가 훨씬 부족한 농장에서 영어를 써가며 스스로 농장을 찾는 것은 쉽지 않으며, 이를 견디다 못해 생활비가 부족해지면 한국인 중개업자를 통해 일을 하게 되는 것이다. 번더버그 토마토 농장의 닉 하우스처럼, 한국인들의 공동 숙소에서 한국인들과 생활한다. 그리고 하나같이 영어를 잘할 수 있었다면 좀 더 나은 환경에서 지낼 수 있을 텐데라고 생각한다. 자신이 어려움을 겪는 가장 큰 원인도 영어, 자신이 호주에 온 이유도 영어인 것이다.

**호주가
좋은 기억으로 남기를**

여행을 하면서 만나는 사람들은 보통 동료 여행자이거나 현지의 길 안내자, 혹은 숙소나 식당에서 일하는 사람들일 것이다. 동료 여행자와 좋은 관계가 되는 것은 그리 어렵지 않다. 불편해지면 함께 다니지 않으면 되고 숙소를 옮겨도 된다. 또한 소비자로서 만나는 숙소나 식당 사람들과의 관계도 어렵지 않다. 간혹 불친절한 사람들이나 바가지를 씌우려는 상인도 있지만 내가 다른 곳을 선택하거나 그들과 만나지 않으면 그만이다.

하지만 워킹 신분으로 호주에서 사람들과 관계를 맺는 것은 많이 달랐다. 가장 먼저 만나게 되는 교민들, 그들은 대부분 워킹의 저렴한 노동력을 이용해 자영업을 했다. 워킹에게 하숙(셰어)을 제공하고, 워킹을 고용한다. 집주인과 하숙생, 사장과 알바생이라는 위치에서 관계 맺기는 여행에서 만난 동료보다 더 어렵다. 게다가 이들 사이에는 지켜야 할 법이 없다. 시급을 얼마나 줄지, 임금을 언제 줄지, 하루에 몇 시간을 일하는지, 한 집에 하숙생을 몇 명까지 받을 수 있는지 등에 대한 기준이 없다. 운 좋게 호주 현지인과 일을 하게 돼도 마찬가지이다. 워킹과 현지인 사장/농장주의 관계는 한국에서 이주 노동자들과 한국인 사장들의 관계와 비슷하다. 악덕 사장만 있어서 그렇다는 것은 아니다. 외국인을 고용하는 사람은 대부분 영세한 가게나 소규모 농장을 운영한다. 물론 좋은 사람들도 있다. 하지만 지켜야 할 질서와 원칙이 없을 때, 그 집단은 나빠진다.

일의 특성도 워킹을 외롭게 만든다. 워킹용 일자리는 저임금 단기간 일자리다. 비자 기간은 1년밖에 되지 않고, 이동이 잦은 워킹의 일은 금방 배워서 바로 할 수 있는 단순노동이다. 어차피 오랫동안 일하지 않을 사람이므로 단기간에 최대한 이윤을 내기 위해 고용주는 일의 강도를 높이고, 워킹은 길게 일하지 않을 생각을 늘 가지고 일한다. 힘들어서 더 이상 일을 계속할 수 없겠다는 생각이 들면 지체 없이 그만둔다. 그러니 일의 강도에 크게 문제 제기를 하지 않게 된다. 일이 힘들어 기존에 일하던 사람이 그만두면 고용주는 다시 새로운 사람을 뽑으면 된다. 워킹들은 늘 이동하기 때문에 고용주는 특별히 평판에 대해 고려할 필요도 없고, 일하는 사람도 굳이 고용주와 좋은 관계를 만들 필요를 느끼지 못한다. 어차피 떠날 사람들이기 때문이다. 일할 사람은 늘 넘쳐 나고, 일의 강도는 세지며, 사람이 자주 바뀔수록 일터는 삭막해진다. 주스 가게 사장님이 보증금을 주지 않고 당당하게 버텼던 이유도 이 때문이었을 것이다. 지금까지 단 한 명도 보증금을 달라고 요구하지 않았고 전혀 문제가 되지 않았기 때문에, 신고할 테면 해보라고 소리를 친 것이 아닐까.

워킹에게 일터는 하루 중 거의 대부분의 시간을 보내는 곳이다. 그런데 일터에서 만나는 사람들과 친구가 되기 어렵고, 서로 이용하거나 이용당하지 않으려고 발버둥치는 사람들 사이에서 신경을 곤두세우고 산다면 외로움을 느낄 수밖에 없을 것이다. 게다가 단순노동을 하면서 일 자체에서 기쁨을 느끼기도 어렵다. 나는 호주에서 사람들이 겪곤 하는 향수병을 단순히 집 떠나온 여행자의 향수병으로 취급할 수는 없다고 생각한다.

'워킹'이 끊임없이 오고 가는 것을 경험한 현지인들은 새로운 관계를 맺는 데 인색했다. 시드니의 경우, 매년 교민의 수만큼 워킹홀리데이 비자를 받은 사람들이 유입된다. 거주자보다 이동하는 이들이 많아지면서 사람들은 길어야 1년 이상 관계를 맺지 못한다는 생각에 쉽게 마음을 내어 주지 않는다. 교민들은 '워킹에게 정 주지 말라'는 이야기를 공공연히 한다. 비단 한인들에게만 해당되는 이야기는 아니다. 호주인들 또한, 단기간만 채용하는 워킹에게 그다지 관심을 두지 않는다. 외국인을 고용한 경험이 오래될수록, 규모가 클수록 그런 경향은 더욱 심하다.

　사람과 사람의 관계뿐만 아니라 워킹과 호주 사회의 관계도 생각해 보면 좋겠다. 2015년, 한국과 호주가 워킹홀리데이 협정을 체결한 지 20주년이 되었다. 호주에서 워킹홀리데이 비자로 입국하는 사람 중 한국인이 3위를 차지하고 있다. 한국 내에서도 워킹홀리데이 비자를 발급받는 사람들 가운데 70퍼센트 이상이 호주를 선택한다. 그러나 다른 한편에서는 한인 워킹들의 차량 사고가 빈발하고 임금 체불, 작업장에서의 가혹 행위 등이 만연하고 있다. 영어가 익숙하지 않다며, 사고를 접수하는 내 전화를 끊어 버렸던 보험사 직원, 영어를 못하는 외국인은 임금을 주지 않아도 신고하지 못할 것이라는 농장 주인 앞에서 워킹에게 손 내밀어 주는 곳은 어디인가. 임금 체불 문제는 당장 〈호주 나라〉와 같은 현지 교민 커뮤니티에도 매일 수십 건씩 올라온다. 한인 고용주와 워킹 간의 문제, 워킹과 호주인 고용주 간의 문제는 매우 심각하지만 호주의 대한민국 영사관은 물론 외교부 어디에서도 이들을 위한 대책은 고사하고 통계자료조차 마련하지 않고 있다. 그저 워킹들에게 '조심'하라는 말 뿐이다. '조심'이란 얼마나 추상적인 말인가. 생활고에 시달리는 사람들, 일하는 과정에서 일어나는 문제를 그저 조심하지 못하고 운이 나쁜 사람들이 겪는 일이라고 볼 수는 없다.

　워킹홀리데이를 다녀온 사람들은 이제 자신감을 얻었다고들 한다. 어느 곳에서도 죽지 않고 살아남을 자신감, 어떤 어려운 상황도 헤쳐 나갈 수 있는 자신감 말이다. 그렇게 황량한 곳에서 자신만 믿으며 살아남았으니 그럴 만도 하다. 하지만 나는 워킹홀리데이를 경험한 사람들이 좋은 기억을 갖기를 바란다. 힘든 일을 이겨내고 무언가를 이루었다는 성취감으로 남았으면 한다. 그 성취를 도왔던 많은 이들을 기억하고, 그들에 대한 고마움을 가지고 한국으로 돌아왔으면 좋겠다. 그러기 위해서 워킹에게도, 조금 딱딱한 용어로 표현한다면 '사회적 안전망'이 생겼으면 좋겠다.

실패해도 괜찮아

워킹홀리데이를 다녀온 사람들은 성공적인 워킹홀리데이를 위한 조건으로 영어와 돈을 꼽았다. 돈을 많이 가져갈 것, 그리고 영어를 미리 공부해 두어야 한다는 것이다. 하지만 워킹홀리데이의 장점은 돈이 적게 들고 현지에서 벌 수 있으며 영어를 배울 수 있다는 점이다. 돈이 필요하고 영어가 필요하니 워킹을 가지만, 워킹에서 성공하려면 돈과 영어가 필요하다. 그러니 성공과 실패는 이미 결론이 나 있는 셈이다.

어떤 사람들은 워킹홀리데이를 좋은 스펙 삼아 취직에 성공했다고 했다. 어떤 사람들은 젊은 시절 외국에서 고생하며 살아 본 것이 삶의 밑천이 되었다고 말했다. 워킹홀리데이를 무사히 마치고 돌아온 사람들은 그 경험을 밑거름 삼아 한국에서도 열심히 살아가고 있었다. 이런 사람들에게 워킹은 절대로 실패가 아니다. 그러나 멋진 경험이라고 생각하는 사람들에게도 공통적으로 '부당하다'고 생각했던 것들이 있었다. 법적으로 일할 수 있는 비자를 발급 받으므로 최저임금을 받았으면 좋겠다거나, 다쳤을 때 병원을 이용할 수 있었으면 좋겠다거나(진찰 한 번에 7~8만 원 이상, 약을 타면 10만 원가량 들었다), 사고가 났을 때는 통역을 요청할 수 있고 영사관의 도움도 적극적으로 받았으면 좋겠다고 말했다. 그리고 자신이 이주 노동자가 되었던 경험을 되살려, 이주 노동자에 대한 한국 사회의 부당한 대우에 대해 의견을 말하기도 했다. 우리나라에서 일하는 이주 노동자들도 도움을 받을 수 있는 기관들을 설치했으면 좋겠다고 말이다.

내 워킹홀리데이의 목표는 일 조금하고 실컷 놀기였다. 오히려 일만 하고 돌아왔으니 실패한 워킹홀리데이일지도 모른다. 하지만 그런 환경에도 굴하지 않고 이겨내고, 힘내서 새로운 삶을 다시 시작할 수 있다면, 그리고 내가 겪은 어려움을 다음 사람이 겪지 않도록 알리고 바꾸는 데 힘을 보탤 수 있다면 그것이야말로 진짜 호주 워킹홀리데이에서 성공하는 길이라고 생각한다.

글을 쓰기로 결심하며 흰 종이와 만났을 때, 글자들 사이로 끊임없이 떠오르는 장면이 있다. 끝도 없이 너른 밭을 무릎으로 기며 일하던 또래들, 좁은 가게에서 저린 다리를 주무르면서 일하고 있을 그들의 손, 뒷모습, 흙 묻은 신발. 지금 호주 땅 어딘가에서 같은 모습으로 일하고 있을 그들과, 한국으로 돌아와 다시 자신의 자리를 찾아 열심히 노력하는 이들에게 이 책을 전하고 싶다.

후마니타스의 책 | 발간순

현대 일본의 생활보장체계 | 오사와 마리 지음, 김영 옮김

복지한국, 미래는 있는가(개정판) | 고세훈 지음

분노한 대중의 사회 | 김헌태 지음

정치 에너지 | 정세균 지음

워킹 푸어, 빈곤의 경계에서 말하다 | 데이비드 K. 쉬플러 지음, 나일등 옮김

거부권 행사자 | 조지 체벨리스트 지음, 문우진 옮김

초국적 기업에 의한 법의 지배 | 수전 K. 셀 지음, 남희섭 옮김

한국 진보정당 운동사 | 조현연 지음

근대성의 역설 | 헨리 임·곽준혁 지음

브라질에서 진보의 길을 묻는다 | 조돈문 지음

동원된 근대화 | 조희연 지음

의료 사유화의 불편한 진실 | 김명희·김철웅·박형근·윤태로·임준·정백근·정혜주 지음

대한민국 정치사회 지도(수도권 편) | 손낙구 지음

대한민국 정치사회 지도(집약본) | 손낙구 지음

인권을 생각하는 개발 지침서 | 보르 안드레아센·스티븐 마크스 지음, 양영미·김신 옮김

불평등의 경제학 | 이정우 지음

왜 그리스인가 | 자클린 드 로미이 지음, 이명훈 옮김

민주주의의 모델들 | 데이비드 헬드 지음, 박찬표 옮김

노동조합 민주주의 | 조효래 지음

유럽 민주화의 이념과 역사 | 강정인·오향미·이화용·홍태영 지음

우리, 유럽의 시민들? | 에티엔 발리바르 지음, 진태원 옮김

지금, 여기의 인문학 | 신승환 지음

비판적 실재론 | 앤드류 콜리어 지음, 이기홍·최대용 옮김

누가 금융 세계화를 만들었나 | 에릭 헬라이너 지음, 정재환 옮김

정치적 평등에 관하여 | 로버트 달 지음, 김순영 옮김

한낮의 어둠 | 아서 쾨슬러 지음, 문광훈 옮김

모두스 비벤디 | 지그문트 바우만 지음, 한상석 옮김

진보와 보수의 12가지 이념 | 폴 슈메이커 지음, 조효제 옮김

한국의 48년 체제 | 박찬표 지음

너는 나다 | 손아람·이창현·유희·조성주·임승수·하종강 지음
            (레디앙, 삶이보이는창, 철수와영희, 후마니타스 공동 출판)

정치가 우선한다 | 셰리 버먼 지음, 김유진 옮김

대출 권하는 사회 | 김순영 지음

인간의 꿈 | 김순천 지음

복지국가 스웨덴 | 신필균 지음

대학 주식회사 | 제니퍼 워시번 지음, 김주연 옮김

국민과 서사 | 호미 바바 편저, 류승구 옮김

통일 독일의 사회정책과 복지국가 | 황규성 지음

아담의 오류 | 던컨 폴리 지음, 김덕민·김민수 옮김